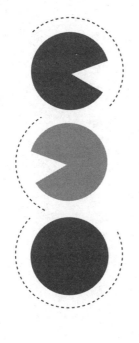

校园里的有效沟通

如何构建良好师生关系

大夏书系·教育艺术

崔 佳 ◎ 著

华东师范大学出版社
全国百佳图书出版单位
·上海·

目 录 CONTENTS

001　　推荐序　读书亦读人

003　　序　言　教育学首先是关系学

第一章　接纳学生

被接纳是每个人的底层心理需求。接纳学生自然也是师生构建良好关系的基础。

002　01　你接纳你的学生吗？
004　02　无条件接纳学生
008　03　哪些学生最需要被无条件接纳？
012　04　哪些情况最需要被无条件接纳？
019　05　无条件接纳学生首先要学会失望
022　06　无条件接纳需秉持目的论思维
025　07　无条件接纳要区分学生与学生的行为
028　08　无条件接纳要区分评价与回应感受
033　09　无条件接纳的工具是倾听
040　10　小结

第二章　赞赏学生

学生有被欣赏、被认可的需要，老师有观察学生的闪光点并及时表达的责任。

042	01	你会赞赏学生吗？
044	02	赞赏学生的外表
048	03	赞赏金字塔模型
051	04	赞赏学生的行为
054	05	赞赏学生的能力
059	06	赞赏学生的价值观
064	07	赞赏学生的身份
068	08	赞赏学生时的注意事项
075	09	小结

第三章　关爱学生

被关爱是人一生的需要。没有爱，学生在学校里的生命就处于枯竭状态。

078	01	你关爱学生了吗？
079	02	关注即关爱
083	03	了解即关爱
089	04	服务即关爱
093	05	尊重即关爱
096	06	套路即关爱
100	07	关爱学生不等于牺牲自我
104	08	关爱学生不是溺爱学生
108	09	关爱学生不等于偏爱学生

111	10	关爱学生以师师关爱为基础
114	11	小结

第四章　陪伴学生

真正的陪伴是与学生眼神交流，倾听他的心声，看见他的需求，陪伴他做他想做的事，与他高质量地对话。

116	01	你陪伴学生了吗？
118	02	陪伴要注意力集中
123	03	陪伴只要十分钟
126	04	陪伴需要耐心等待
131	05	陪伴要日常用心
134	06	陪伴要有活动载体
142	07	陪伴要好好说话
147	08	陪伴要以鼓励为准则
151	09	小结

第五章　对学生负责

真正负责的老师把培养自我负责式的学生作为自己的教育信条，聚焦学生的成长与发展。

154	01	你对学生负责了吗？
156	02	负责要示范表率
160	03	负责要正确理解错误
165	04	负责要看见真实的学生
168	05	对寻求过度关注的学生负责

171	06	对挑战老师的学生负责
174	07	对报复老师的学生负责
177	08	对自暴自弃的学生负责
180	09	自我负责需分清责任主体
186	10	自我负责式沟通
190	11	小结

第六章　回到现实中小试牛刀

老师向内觉察的过程，就是问题解决的过程。

192	01	学生打架事件
200	02	宿舍搬迁风波
205	03	学生同伴关系困扰

| 209 | 后　记　接纳不完美的自己 |

推荐序

读书亦读人

崔佳老师是一名教学设计师,但她写师生关系的书,我觉得很自然。我们交流教学设计的时候,她经常先说"关系设计",强调"教育学就是关系学",处理好师生关系,才能做好教育教学,不过,"好关系未必真好",不指向学生成长的师生关系,就不是真的好。这样的观点,我觉得体现了高明的智慧,师生关系有分寸,沟通有术,教育有度。

这本书,凝聚了她关于沟通的智慧。

作为师资培训师,崔老师经常做分享交流,我发现她最后都会留下联系方式,回应老师们提出的平日遇到的问题。我有次问她:"那么多老师问问题,你觉得麻烦吗?"她真诚地说:"老师所遇到的每一个难题,都是宝贵的资源,我感激还来不及呢!"解决不了,她会追问其他老师、查阅相关书籍、征求学生意见,直到弄明白为止。

成长就是解决问题。让自己成长最快的方式就是,解决别人所遇到的难题,这是成长的一个契机。崔老师明白这个深刻的道理,这种"拥抱问题、乐于回应"的精神,彰显着她对师生关系本质的认识——经由师生关系,师生共同成长。

关于此,这本书里有深刻的描述。

崔佳老师能把日常生活的智慧迁移到师生关系中,这是精彩的迁移。比如,初中时她谎报成绩,得到妈妈表扬,过年也穿上了新衣服,但心理上觉得自己是坏孩子。她渴望无论考试成绩高低,妈妈都能始终如一地爱她,这在她心中种下了"无条件接纳"的种子。虽然多年后她在时间的长河里得到治愈，但她说会有很多孩子背负不被接纳的阴影。

很多老师都知道要接纳所有学生、接纳学生所有，但在行动中却难以做到。比如，有老师说，"我对学生可以说是尽心尽力了，我从早到晚心都扑在他们身上，自己的孩子都没时间管，你看我年纪轻轻白头发都出来了"。崔佳老师认为这种传统意义上讲奉献、关爱学生的好老师，体现更多的不是对学生的关爱，反而像抱怨和"索求"——我牺牲了那么多，你们必须让我省心，不能犯错误。过度的关爱学生而疏于照顾自己和家庭，容易造成老师自身的情绪枯竭，陷入对学生的控制中。虽然很多老师都懂得这个道理，但是忍不住以关爱之名，行监管之事。怎么办？这本书里有很多好方法。

比如，有个十四五岁的男孩子，不会系鞋带。孩子的背后是溺爱孩子的妈妈。崔佳老师认为这是以负责的态度带来了不负责的结果。不是要事事为孩子负责，而是让孩子有为自己负责的能力，这是家庭教育的责任，也是学校教育的责任。很多老师都知道这个道理，却常常发现学生"推一步走一步"，始终不能自己承担责任。怎么办？这本书里有很多好方法。

崔老师爱读书、勤思考，输出很多。她的公众号每日更新，每文常常超过千字，很了不起。读她的书，是在读这个人。她分享如何沟通、如何构建良好的师生关系，她也在分享如何成为一名优秀的老师。相信这本书，会带着她的热情、智慧和能量，让你爱不释手。

张学新
复旦大学心理系教授，对分课堂创始人
2022年1月26日

序 言

教育学首先是关系学

读高中的时候，谈及未来理想，我口出狂言"除了当老师，做什么都行"。无奈高考分数不佳，被调剂到教育学院，却也从那时开始，开启了我"除了当老师，什么都不做"的教育之路。

我喜欢当老师，喜欢到超出自己的想象。

我喜欢当老师，但不等于我会当老师。我踩过很多坑，在课堂上跟学生发过火、跟学生吵过架、无视过学生的努力、只跟学生谈学习……坑踩多了，也就有了一些心得，我一点一滴记录下来，成为了这本书的来路。

自己一路摸爬滚打下来，边教学生边学习如何教学生。我发现，我们常常太注重于"教"，而忽略了教的基础——关系。教育学首先是关系学。学生的成长是从师生关系中生成的。师生关系的核心就在于：如何接纳学生？如何欣赏学生？如何关爱学生？如何与学生相处？只有以良好的师生关系为前提，才能培养出自我负责的学生，才能保证教育的效果。

老师当然要主动构建良好的师生关系，然而师生关系质量的判断者并不是老师，而是学生。很多老师常对师生关系有误解，认为对学生的爱可以征服一切。只是"老师爱学生"与"学生感受到被老师爱"之间常存在着鸿沟。很多老师总是意识不到这条鸿沟，也有些老师明明意识到这条鸿沟却不愿意正视，他们安慰自己说"放眼十年后来看教育"，意思是说，现在学生感受不到爱没关系，或许十年后他们就明白自己的良苦用心了，如果十年不行，那就二十年，不急在当下。可是，这不是自欺欺人吗？如果学生当下不理解、信任你，怎么可能接受你所提供的教育？

而这也成了我写这本书的初衷。我曾经为师生关系所困，我看到无数老师仍然在不断经历着师生关系之痛，所以，我把我的感悟和认识分享出来，希望能对老师们有所启发。

我是一名大学老师，而你有可能是一名幼儿教师、中小学教师、职校教师，也有可能是一名家庭教师，又或者是一名家长。你可能会心里嘀咕，这本书适合你读吗？请你安心，"关系"是相通的，书中的每个故事、每个方法，都能让你迁移到自己的"关系"中。

从内容上来说，这本书没有设置教条，而是为你赋能。这本书不是帮助你解决某一个具体的师生关系问题，而是让你在碰到所有问题时都有所启发；这本书没有什么新鲜的理论，都是来自你耳熟能详的生活和教育实践；这本书也没有什么陌生的专有名词，都是你挂在嘴边的常识，但我会详细梳理、解释，以期用最简单的日常生活智慧作为征服教育难题的法宝。

第一章，我会介绍如何接纳学生。良好师生关系的突破点就在于是否彼此接纳，而接纳学生是被学生接纳的前提。第二章，我会介绍如何赞赏学生。书里的几个赞赏公式供你参考，还会提醒你有关赞赏时机的信息。第三章，我会介绍如何关爱学生。我们会回到师生关系的核心问题：如何关爱才能让学生感知到被关爱。第四章，我会介绍如何陪伴学生。陪伴不难，难在何时陪伴、陪伴多久、如何陪伴，这些在书中都有答案。第五章，我会介绍负责与自我负责。良好师生关系的本质不是取悦学生，而是让学生真正感受到自己的成长、拥有自我负责的能力。第六章，我会介绍几个常见案例的处理策略。我提供的不是标准答案，仅仅是参考答案，你来看看对你有什么启发。

至于怎么使用这本书，我建议：

（1）请你把这本书当作一张地图。本书涉及的非暴力沟通、教练技术、正面管教等理念和方法是地图上的一个个位置点，希望你按图索骥，继而做一些主题阅读、主题探索、主题实践，最终搭建你自己的个性化知识系统和实践结构。

（2）请你把这本书当作一份启发。师生关系的内容、规则和禁忌都呈现在这本书中。虽然本书不会向你提供解决学生问题的万能公式，但是，一旦你遇到难以解决的学生难题，你可以翻开这本书寻找灵感。

（3）请你把这本书当作一本手册。不管你是新入职，还是当老师多年，这本书都为你提供了系统构建良好师生关系的策略。新入职老师可以少走弯路，快速掌握技巧；入职多年的老师可以参照本书进行自我审视，优化教育能力。

读这本书，还需要你保持以下三种心态：

（1）半杯心态。空杯心态会让你盲目迷信本书观点，失去辩证性思维，让自己的大脑成为别人理论的跑马场。满杯心态会让你骄傲自满，失去成长机会。半杯心态协助你把本书中所探讨的内容与你自己已有的知识进行联结，或同化、或顺应，审辩性建构。

（2）行动心态。行动是检验知识的唯一标准，行动更是整合自身知识体系的唯一途径。本书中的内容写得再落地，也永远都是原则性的和指导性的，要付诸应用，离不开你的适应性改造和创造性发挥。持续行动、持续复盘、持续改造、持续积累是你必须要做的事。

（3）预设心态。本书提供了温和而坚定的师生关系的构建方法，可能你乍一应用起来，非但无效，反而可能会更糟。因为习惯简单粗暴方式的老师突然采用一种温和的教育方式后，学生很可能会用更为夸张或糟糕的方式去试探，看是否能得到自己想要的结果。请你预设这个糟糕的结果，然后不要犹豫，只要你坚持不懈地使用书中的方法，学生不良行为的强度将会逐渐减弱，再次出现不良行为之前的平缓期也将越来越长。

最后，我想说谢谢。

谢谢我不离不弃的家人，我有很多不足，他们却把我视为珍宝，是他们让我体验到"关系"对成长的滋养。

谢谢我温暖谦和的导师，我多次地踌躇，他却有理有据地鼓励，是他让我体验到"关系"对成长的价值。

谢谢我睿智有加的学生，我虽不完美，他们却乐于反馈我的优与差，是他们让我体验到"关系"对成长的呼应。

谢谢我远而不疏的朋友，我常疏于联系，却感受到"远的未必远"的真谛，是他们让我体验到"关系"对成长的扶持。

谢谢我款语温言的编辑，这是我的第一本书，所有环节，我茫然无知，她贴心引领支持，是她让我体验到"关系"对成长的关照。

并且，也谢谢你打开这本书。

第一章

接纳学生

被接纳是每个人的底层心理需求。接纳学生自然也是构建良好师生关系的基础。只是，接纳两个字说起来容易，做起来太难。

小时候，只要我成绩考得不好，我妈的脸色就很难看，我甚至因为想取悦我妈学会了谎报成绩。这是很痛苦的童年回忆，但也因此让我深切领悟到被无条件接纳的价值。老师也好，家长也罢，要让孩子感受到接纳：不管你犯了多大的错误，经历了怎样的失败，有多么离谱的言行举止，我都会完全地接纳你。

接纳是学生成长的前提。作为成人，尚且人无完人，学生是成长中的人，犯错、失败一定难免。而老师是陪伴和帮助他们在一次次或成功或失败或犯错中认识自我、分析自我、完善自我的人，学生被接纳，才使得成长成为可能。

01 你接纳你的学生吗?

1.请回忆你与学生相处时的感受,选出以下情境中,与你的感受相一致的选项_____(可多选)。你读这本书时,身边没有别人,只有你自己,所以请放松,面对自己的内心,给出真实的答案。你的答案,就是这次学习之旅的起点。

(1)学习成绩不好的学生,我会不太喜欢。

(2)学生比赛输了,我会觉得有些泄气。

(3)叮嘱过的事情,学生仍然出错,我会很生气。

(4)对长得好看、举止文雅的学生,我会喜欢多一点。

(5)对性格开朗的学生,我也会多偏爱一些。

(6)教师节送祝福给我的学生,我忍不住多喜欢一些。

2.请回忆以下选项中,哪些你曾经跟学生讲过?_____(可多选)。

(1)你要早听我的话,还至于落到今天这个地步吗?

(2)你自己闯的祸自己收拾,别遇到事儿了就来找我。

(3)这会儿想到哭了,早干吗去了?我提醒你的时候你在干吗?

(4)现在你哭有用吗?哭是解决问题的方法吗?

(5)反正我说了你也不听,就别来找我了。

3.如果你的学生打碎了教室的玻璃,他有没有勇气告诉你?知道这件事后,你将会对他说什么?

_____

对以上三个问题的内在觉察已经开启了你对"接纳"的重新审视。

从本心上来讲,没有几个老师会认为自己不接纳学生,反而他们会一再地申明:"即便我会生气,但我还是在为学生好,我还是爱他们的。"可是,采访学生时,我却听到完全不一样的声音,是那种让老师感到心痛又愧疚的声音:

- 老师啊,就喜欢听话的学生呗,像我这样的,后排就座,最好是眼不见心不烦。
- 我发烧一天没精打采老师不会关心,但是我一天没交作业,他马上就开始找我谈话。
- 我说这道题我不会,他就批评我上课不认真听,我真是无语。
- 因为我没能拿到好名次,老师就很失望,可是我尽力了啊,多希望他能说没关系,而不是说下次加油。我都没力量加油了……

这些来自学生的声音,是否会引起你的反思呢?我们必须承认,老师是否接纳学生的判断权在学生手里,而不是老师手里,判断标准是学生的感受,而非老师的感受。这解释了为什么老师觉得自己做到了接纳学生,而学生却觉得自己没有被接纳。因此,老师需要站在学生的视角,从学生的感受出发衡量自己对学生的接纳程度。

通常情况下,只有学生的表现符合老师的期望时才会被接纳,一旦学生表现出不符合老师期望的行为,他连呼吸都是错的,老师的接纳也会烟消云散。学生机灵着呢!他能瞬间捕捉到老师对他的看法,老师对他任何微小的否定都能在刹那间被他觉察到。一旦觉察到老师有烦躁、焦虑和愤怒的苗头,学生就会自我保护,要么选择低头不语,要么选择逃之夭夭,要么选择点头哈腰……

请老师们牢记:

爱,是从接纳学生的那一刻开始发生的。

接纳学生是一切师生相处之道的基础性要求,也是一切教育的起点。

02　无条件接纳学生

要想做到接纳，我们需要给接纳加一个形容词——无条件。

有条件的接纳是伪接纳。就好像小时候，如果只有当我们考了一百分时，爸爸妈妈才会笑，那他们只是在接纳考了一百分的我们，而不是考零蛋、考不及格的我们。我们都不喜欢这种有条件的伪接纳，由己及人，我们也不要伪接纳我们的学生。

所以，接纳的最高境界是无条件接纳。

无条件接纳是放下对学生的偏见，平等地尊重每个学生个体。不因老师自身的喜好和偏见对学生区别对待，也不因学生一时的状态和表现给学生归类、贴标签。永远爱每一个学生；永远对每一个学生生命个体保持尊重和欣赏；永远以喜悦的态度期待学生。这是每一位老师责无旁贷的义务和担当。尤其对于正在成长期的学生而言，他们的自我并不源于他们本身，而是源于他们所重视的、所珍爱的人如何看待他们，而老师就是他们所重视、所珍爱的人之一。

通常情况下，师生沟通障碍正是因为老师本身不接纳学生，且总带着固有想法和评价看待学生，既无法接收学生发出的信息，也无法体会学生的真实想法和需要，于是，很轻易地关闭了与学生沟通的大门。

也可能有老师会说："可是，有些学生真的很讨厌，让人爱不起来。"这就引出另一个问题：是学生真的不值得被爱、被接纳？还是因为老师的不接纳才让他们变得越发让人爱不起来？

要知道：被接纳的学生，是踏实的、安全的；不被接纳的学生，是恐惧的、退缩的。

小时候去三姨家玩，看到三姨邻居家有个得了小儿麻痹症的小男孩。小男孩流着鼻涕、翻着白眼、浑身脏兮兮，我非常嫌恶地看着小男孩被他妈妈疼爱地抱在怀里，心中满是不解，我问三姨："他那么脏，还是个瘸子，怎么他妈妈还那么喜欢他？"在我的理解里，这是个毫无价值也不值得被爱的孩子。三姨当时很温暖地回应我："傻孩子，他是他妈妈的宝贝啊，这世界上哪有不爱孩子的妈妈啊，不管孩子什么样，都要爱的。"

三姨的回应对于当时的我来说很震撼。我第一次知道，这世界上有人不用多漂亮、多聪明、多整洁、多有礼貌，也会有人爱他。虽然时至今日，我不知小男孩的生命状态如何，但是我猜很多身体康健的孩子可能都曾无数次羡慕过这个满身泥垢却仍然被抱在怀里的孩子。我想，老师也需要像小男孩妈妈一样，无条件接纳学生，哪怕学生一身"污垢"，但被接纳的学生感受到的那份温暖会伴随他一生，护他安心和安全。

总有一些人在羡慕着另外一些人，羡慕的缘由不是别人多有钱、多漂亮、多有成就，而仅仅是因为能够被全然地接纳。老师怎能允许自己的学生去羡慕其他人呢？给予学生无条件接纳，并从此开始，帮助学生建立自尊、保持自信、确认价值。这一切将赋予学生面对不确定世界的良好心态。

在学习"无条件接纳"学生的过程中，我也曾经犯过错，幸好及时觉察，及时调整。把我的错误写出来是希望能给老师们提个醒：无条件接纳学生比我们想象得更重要。

我带了两个班干部，一个叫小京，人比较灵活，遇到问题喜欢找解决的方法，虽然有点懒，但瑕不掩瑜；一个叫小新，人比较死板，遇到问题喜欢逃避、找借口，害怕被责备。小京平时总来办公室找我，不懂就问。与小京形成鲜明对比，小新要我追着她问，而且一旦涉及活动要求时，她还总抱怨要求太高、时间太紧。第一次听到她抱怨，我强按压住心中的怒火跟她沟通。第二次，我的态度就变得急躁，我一急躁她就有些恐惧，反应速度变慢，沟通时间长且非常不理想。几次后，面对我的问题她开始逃避、不回复，我质问她原因，她说怕我批评、提意见。我非常崩溃，老师提意见是为了办好班级活动而不是单纯批评她这个人，她为什么会有这种感受呢？我一度想撤掉她班委的职务。

直到有一天我跟主任抱怨小新的时候，才发现了自己的问题。我实际上有意无意地总在把小新与小京作对比，我为两个学生设置了同样的目标和标准，达不到标准还总抱怨的小新就会被我嫌弃。

后来我认真分析小新的特点，了解到她需要比较长的反应时间去理解我说的话。我还发现小新虽然完成任务比较慢，但是任务完成得比较精致，所以我告诫自己必须先接受她的慢。事实上，在我接纳了小新之后，她的抱怨频率在降低，无论是服务班级还是自身学习的质与量都在稳步提升。

你看，老师对学生的无条件接纳并非仅仅滋养学生，也会滋养自己。所以，无条件接纳不是老师单方面对学生的宽容和忍耐，老师自己的教育能力也在此基础上得到提升。那还等什么，马上行动起来，无条件接纳学生吧！

那到底什么是无条件接纳？

- 无条件接纳，就是无差别地看待学生。
- 无条件接纳，就是不带任何评判地接受学生的感受、想法。
- 无条件接纳，就是接纳学生这个人本身，而不是因为他们做出了什么成绩。
- 无条件接纳，就是基于学生自身的价值，完全开放地理解他。

无条件接纳，接纳的是什么？

- 接纳学生们反复无常的情绪；
- 接纳学生们一塌糊涂的成绩；
- 接纳学生们调皮捣蛋的样子；
- 接纳学生们不可一世的骄傲；

- 接纳学生们不谙世事的自负；
- 接纳学生们挑战规则的勇敢；

……

被无条件接纳的学生更容易建立良好的自我价值感。他们在师生关系、同伴关系中更有安全感，更能对他人做出积极的回应，也更能提升自尊、自爱水平。

从我自身的成长经历和教育经验来看，无条件接纳是一项全时间、全程性的工作。老师不能单单在嘴上说说而已，更需要在与学生共处的每时每刻都践行这个原则。抓住任何一个教育契机和生活细节让学生明白老师接纳他们，无论他们赢得了每一天的挑战还是失败，无论成绩是退步还是提高，无论他们是做错还是做对，无论他们是一落千丈还是逆风翻盘，都不影响老师对他们的接纳。

03 哪些学生最需要被无条件接纳？

哪些学生最需要被无条件接纳？这个问题本身就是个伪问题，因为每一个学生都需要被温柔以待，每一个学生都应该被无条件接纳。这里强调的是，越是平日里不被接纳的学生越是需要被无条件接纳。

1. "困难户"学生

"困难户"是指那些几乎让每一位老师想起来就皱眉头、爱不起来的学生，他们常常表现出一些"不听话"的样子，如成绩不佳、不守规矩、不服管教……这些学生大多是在被嫌弃而非被接纳的环境中成长起来的。不仅在学校里不被老师喜欢，甚至在家里都被父母指责、嫌弃。他们或者会深深地自卑，觉得自己的确一无是处；或者会破罐子破摔，你们觉得我不好，那我就是真的不好；或者会极力地反抗，你们让我往东我就往西，反正你们也不喜欢我……

越是看起来调皮、不好管的学生，越是在内心深处渴望被接纳；越是以往在学校教育中不被尊重的学生，越是渴望被平等地尊重；越是在家庭里没有感受到温暖的学生，越是需要老师的接纳作为自尊的开端。

遗憾的是，很多时候，老师面对这些"困难户"学生，不仅没有接纳，还把学生家长拉入到进一步的指责和对抗当中。

小侄子的高中班主任处理"困难户"的一般流程是：先把家长请到学校，当着家长的面奚落学生一番，再当着学生的面奚落家长一番，然后要求家长把学生带回家反省两天。通常这番操作，就会把老师的"单打"变成了家校合力的"双打",学生苦不堪言。

小侄子也属于"困难户",几乎每周都会被要求请家长到学校,原因不外乎是上课说话、睡觉、吃东西等违反班规校纪的事情。嫂子请求老师让孩子站着上课,回家反省怕耽误学习,结果,老师一副一眼都不想看见孩子的样子,振振有词地说:"你家孩子要是学习,在哪儿都学习,要是不学习,坐在教室里也不学习。"很显然,老师的潜台词是"请你把好好学习的孩子送到我这里来,如果不好好学习,请你管教好了再送过来。"

幸运的是,嫂子也是一名老师,她能够理解孩子的心理发展规律,也明白教育的方法是疏不是堵,她用自己的爱和接纳弥补了小侄子在老师那里得不到的理解和关怀。

可是,如果学生刚好遇到不接纳自己的家长,回家后就免不了一顿责骂,甚至拳打脚踢,这般折腾恐怕并不能让孩子变成好好学习的模样。家长骂、老师嫌弃、孩子自暴自弃的恶性循环就会加剧起来。

很显然,这些"困难户"学生,遇上不接纳自己的老师和家长,人生很容易跌入低谷。除非日后再遇到什么事情让他顿悟或者理解老师和家长所谓的苦心和爱心,否则,他会生活得很艰难。

越是"被嫌弃"的学生越是需要"被接纳、被温暖"。在过往的人生经历中,如果接受了太多的不理解,也习惯了被低期待,学生很容易陷入习得性无助的怪圈,而老师可以通过"无条件接纳"为学生推开一扇通向阳光的门。

2. 弱势群体学生

弱势群体学生是指有严重身体疾病、心理困扰,或家境贫寒、家庭教育缺失等情况的学生。这样的学生大多带有自卑属性,常常背着重重的壳保护自己。面对弱势群体学生,虽然有些老师并非故意不接纳,但也常因为不知如何正确沟通而伤害到他们。

有一部美国电影《叫我第一名》，由真人真事改编，温暖又励志。主人公布莱德患有先天性的妥瑞氏症。这种严重的痉挛疾病导致他无法控制地扭动脖子和发出奇怪的声音。在某天的数学课上，虽然布莱德极力控制自己不要发出怪声，但仍然再次被数学老师以不遵守课堂秩序、打扰其他人学习为由赶出教室，去接受校长的惩罚。

布莱德原以为自己会遭到校长的批评，却没想到校长邀请他去参加下午学校交响乐团的音乐会。不出意外，音乐会上，布莱德发出的怪声引来四面八方的嫌弃目光。音乐会结束，校长邀请布莱德上台，上演了一场经典对话。

校长问："你喜欢发出怪声吗？"

布莱德摇摇头："不喜欢，校长。"

校长疑问："那你为什么要一直发出怪声呢？"

布莱德解释说："因为我有妥瑞氏症，我大脑有问题，会发出怪声。"

"那你想要控制就可以控制的是吧？"校长继续追问。

布莱德摇摇头："不是的，这是一种病。"

校长又替全校师生提出一个问题："那你为什么不去治疗呢？"

布莱德的自卑和无奈从声音里蔓延出来："没有药可以医治……如果大家都接纳我，我就不会那么严重了。"

校长的声音逐渐温柔："那我们可以做什么？我指的是学校里的每一个人，布莱德。"

布莱德看看台下的师生，看看校长，鼓足勇气说："我只希望大家别用异样的眼光来看我。"

校长给了他一个鼓励的眼神，说："Good job（好样的）！"

布莱德的内心独白是："几句话，几句提问，就像开启了通往全新世界的大门。"

这个电影片段凸显了一位校长的智慧。他抓住教育契机，提出几个关键问题，解决师生心中的疑虑，同时，又帮助布莱德脱离被异样对待的困境。这一切的前提是校长首先无条件接纳了这个被大家视为异类、不遵守规矩的学生。受这位校长的启发，我想老师也可以如此的方式引导其他学生接纳那些属于弱势群体的学生。

曾经在一次教师培训会议上，我播放了这个电影片段，与老师们共同探讨如何无条件接纳学生。有个老师提出一个疑问："如果学生不接受这种公开的方式怎么办？并不是所有学生都愿意让别人知道自己的事。"这是一个很关键的好问题，相信有些读者也会有同样的疑问。

老师要有辨别力，知道哪些问题可以公开接纳，哪些问题不可以公开接纳。首先，凡是掩藏不住的问题，比如身体烧伤、身体残疾、重大疾病等，可以通过公开的方式寻求更多人的理解、接纳和认可，让学生不至于被孤立。其次，凡是涉及学生隐私的问题，诸如家庭关系、家庭境况、心理困扰或疾病、用药史、不堪生活经历等，都不能摆在明面上寻求他人的理解和接纳。老师要以电影中校长般的胸怀和明智，首先自己无条件接纳学生，再引导其他师生无条件接纳。

愿你可以初心不改，对这些弱势群体的学生敞开胸怀。就算全世界与他们背道而驰，你也可以站在他们身边拉他们一把。有时候，就是那一瞬的光芒感，让他们放弃对自己和对世界的绝望，有勇气面对一切。

04　哪些情况最需要被无条件接纳？

哪些情况最需要被无条件接纳？这个问题又是一个伪问题。哪有不需要被无条件接纳的情况，学生无论何时都需要！在这里，强调的是学生失意的情况，他越失意越需要被无条件接纳。

1. 当学生做错事情时

让每个犯错误的学生，甚至犯了极端错误的学生都能知道自己仍然是被接纳、被爱的。这虽然很难，可能需要老师与自己的本能想法相抗争，但是，只要在学生最慌张、最忐忑、最恐惧、最无所适从的时候，给他们"无条件接纳"的拥抱，那有可能就是他们接纳自我、面对困境、承担责任的开端。

这代表着就算考试前你千叮咛万嘱咐诚信应考，但是他们还会带小抄、传递答案，抱着不会被发现的心态作弊。尽管你真的很失望，还是会想办法参透学生作弊背后的需要：害怕考不好了被你批评，这说明他有被认可的需要；担心考不好，爸妈不高兴，这说明他有满足父母愿望的需要……

说实话，如果必须选择一个犯错误时机的话，那么在学校犯错误是成本最小的，也是最安全的。把错误当成教育契机，了解学生错误行为背后的正向需求，引导学生寻找满足正向需求的其他方法和路径，教会学生独自面对未来不确定世界的勇气和智慧，是老师的责任。

也有老师会质疑说："没用！过不了几天，他就又原形毕露。"这的确是个问题，很多学生"常立志，常食言"。没有几个学生会因为一次引导就痛改前非。教育本身就是一个慢的事业，而且学生的成长本身也是一个迂回曲折的过程。认识这个真相是前提，然后给予一次一次的"无条件接纳"，学生会在这份接纳里慢慢成熟。

关于人的成长，慢才是真实的。关于无条件接纳学生，老师们也别给自己太大压力，只要坚持这个态度，慢慢来，一定会越来越好。

2. 当学生没有达到老师的期待时

心理学认为，老师对学生保持高期待有助于学生的成长。可是，如果学生没有达到老师的期待时，怎么办？没关系，无条件接纳！

老师要常调整自己对学生的期待。很多老师往往根据自己的水平、教学要求等来确定对学生的期待，觉得自己能做到的，学生也应该能做到，觉得教学要求是学生必须达到的最低标准。这常常导致老师忽视了学生自身的状态，包括他的基础能力、最近发展区、动机、主动性、自我期待等。所以，老师要保持敏感，根据学生的状况和表现及时地上调和下调期待，并且对每个同学都应该提出不同的目标，让其强项得以发挥，弱项得以提升，保证每个学生都在自己原有基础上取得进步。

> 数学期中考试，李老师班上的同学大多在90分以上，豆豆却只考了60分。为了提高豆豆的数学成绩和改善豆豆在学数学方面的自信心，也考虑到期末成绩班级评比，李老师为豆豆单独辅导数学，并跟豆豆约定下次考试一定要考到90分。
>
> 可是豆豆数学成绩的提升速度没有李老师想象得那么快，期末考试豆豆只提升到70分，李老师很失望，觉得自己的辛苦没有得到回报，他找到豆豆想谈一谈到底哪里出了问题，结果还未说话，豆豆就先哭了："李老师，对不起，我真的很努力了，但是，一想到要我考90分，我的压力就特别大，太难了，数学太难了……"
>
> 看着豆豆的眼泪，李老师突然明白，自己太着急了。对于豆豆这样一个数学基础一般，且对数学没兴趣的学生来说，从60到70分，本

来就是很大的进步了，但是李老师的高期待却让原本有进步的豆豆感受到巨大的压力，成绩出来以后又有对老师的愧疚和不安。李老师说，当他意识到自己的期待与学生的基础水平和期待水平不一致，甚至意识到自己的期待更多是基于自己的需求而非学生的当前状况时，他感觉很羞愧。

很多老师常犯的错误就是以自己的期待为标准去要求或衡量学生，能达到期待就是好学生，达不到期待就是差学生。实际上，很多老师提出的期待本身是不合理的，却还强制要求学生必须执行。

"无条件接纳"的路径之一是调整到与学生适配的期待并提供恰当的帮助。当学生没有满足老师的期待时，少向外找学生的问题，多向内探求自身是否建立了不合理的期待，这是一个老师必备的修养和技能之一。

老师要常跟学生沟通期待。老师的期待与学生自己的期待是两码事。学生常会不理解甚至抗拒老师的期待。有时候，老师认为自己是根据学生的状态建立了期待，学生却不以为然。这就需要老师与学生沟通。很多老师把这个沟通等同于单方面地说服学生认同老师的期待，可是这只是其中一种可能的结果，还有一种结果也可能是老师重新调整自己对学生的期待。

某学期李老师实施分组教学时，采取小组积分制，积分高的组有优先选择奖励的权利。五组同学连续两周积分垫底，士气极为低落，打算自暴自弃。了解到五组状态后，李老师给五组同学写了一封信，站在学生的视角，从他们心中的疑问入手帮他们分析了为什么会积分落后、可吸取的经验以及怎样才能触底反弹，循序渐进地表达了老师的期待。

学生收到信的第一反应是老师又细心又暖心。第二反应是懂得了老师的期待：老师不允许他们自暴自弃，而是让他们逆风翻盘。第三反应是重拾力量，用心琢磨，准备下一次的小组阶段性成果展示。

接下来的一周，他们积极讨论、主动答疑，积分也逐步提高了很多。其他小组纷纷表示从五组学到了很多，包括不屈不挠的进取精神，班里赶追比超的学习氛围更浓了。

事后，李老师复盘了一下整个过程，思考为什么学生愿意重新调整自己的期待，是因为他并没有盲目地鼓励五组学生，或者仅仅严肃地提出要求和标准。李老师在学生现有表现的基础上找到他们的优劣点，同时帮助他们在总结其他组优劣点的基础上重新提出期待。也就是说，老师不能只给学生指方向，却不告诉他们方法和路径。比起不管不顾地说"我相信你们能行""千万别让我失望"之类让低期待学生有压力的话，老师更应该让学生了解如何达到期待，后者才是沟通的要点。

其实，老师或许也曾经历过类似的期待压力，比如领导直接抛给你一个比较调皮的班级，或者临时安排你去上一节公开课，你一般也会有抵抗情绪。但是，如果领导在布置任务的同时，帮助你简单分析一下工作思路和你的优势，相信你会觉得舒适很多。同理，我们的学生也需要我们这样做。

无条件接纳学生就是允许学生暂时达不到老师的期待。学生可能暂时跟不上老师的节奏，暂时落后，但是，老师可以通过有效的沟通帮助学生重拾信心。

3. 当学生失败时

学生遇到挑战时，老师常常给学生加油打气，有时还会带着全班同学一起呐喊助威口号，可是，有人赢就有人输，如果学生失败了，怎么办？无条件接纳！

这代表着你不只在学生篮球比赛稳赢的时候站在场边为他们加油助威，还会在他们大概率会输的时候也一定到场，对他们说："嘿，小伙子们，今天很努力，我看到了！"无条件接纳就是在他们怀疑自己不值得被爱的时候，感觉到了你的支持和接纳。

这代表着你不只在学生成绩进步的时候为他欢呼鼓舞，还会在他成绩大幅下滑的时候也拍拍他的肩膀："很难受是吧？下次想考好一点，你觉得我能帮你些什么？"只要学生感受到你的接纳和温暖，他就愿意向你诉说复习时的误区和考场上的情绪压力，而这才是你帮助他的突破口。无条件接纳代表你处理的不仅仅是学生当下的情绪，还帮助他们培养面对未来不确定世界的能力和信心。

遗憾的是，很多老师无法接受学生的失败。在朋友圈经常看到有家长吐槽老师布置的周末作业是让学生抄期中试卷。我猜这个老师大概是因为某些学生考试成绩不理想，就用这种方式来惩罚所有的学生。这是一种非常可怕的倒退思维。老师心中的假设是：不好好学习就让你们尝尝我的厉害；惩罚与成绩成正比，惩罚越严厉，成绩就会越好。这不仅是一个无效假设，更是对学生失败的不接纳。

反过来想想，学生成绩不理想，老师应该做的到底是什么？是惩罚？惩罚能帮助学生搞懂之前不明白的知识？惩罚能帮助学生保持良性学习情绪和学习状态？惩罚能让学生不失败？

无条件接纳是当学生考试成绩不理想时，帮助他们具体分析并解决问题：哪些知识学生一开始就没弄清楚？哪些知识容易出现混淆？哪些知识需要重新讲解？学生之间怎么相互帮助？教学设计如何改进？如何安慰失败的学生，并提升他们的勇气和力量？如何与家长形成合力，帮助学生形成良好的学习习惯？面对失败，接纳失败，然后解决失败。失败是师生成长的关键点，拒绝失败，就是拒绝成长。

4. 当学生有负面情绪时

负面情绪是人的一部分。接纳学生的负面情绪，就是接纳学生这个人。当学生产生一些负面情绪，如愤怒、恐惧、嫉妒、失望等，你是如何处理的？如果你对他说"不要生气、不要害怕、不要嫉妒、不要不开心"，那你就没有接纳学生的情绪。接纳学生最好的方法就是：我看到了你的情绪，我看到了你面对考试时的焦虑、面对宿舍矛盾时的失望、面对同学高分时的嫉妒、面对同学争吵时的愤怒……

如果老师不允许学生表现出负面情绪，他们就会选择撒谎和伪装，也会渐渐地把自己隐藏起来。没有开放的情绪表达，师生之间就渐行渐远，直至产生难以跨越的沟壑。

很多人小时候都有过类似的经历——

- 摔倒了，腿磕破了，父母边帮你拍着腿上的土边对你说："不疼，不疼，不准哭，你是男子汉！"
- 去打针，一看到护士和针头就害怕，眼泪在眼眶里打转，父母却在这时候紧紧抱着你，怕你逃脱，嘴上说着："不怕啊，一点都不疼，不许哭。只要你不哭，大家都会夸你棒。"
- 看到一条小狗，孩子吓得双腿发抖，父母一边哈哈大笑，一边笑话你胆子小。

父母不爱孩子吗？当然不是。但爱与接纳不是同义词，忽视接纳的爱不会让人觉得安全。父母在语言和行为上忽视孩子的恐惧、疼痛、害怕等负性情绪会消耗孩子的信任。随着孩子年龄的增长，很多家长都发现孩子越来越喜欢独处，跟父母沟通越来越少，遇到事情宁愿跟同学、小伙伴商量也不愿意跟父母商量。究其原因，其中肯定有一条：在成长历程中，总是被忽视负性情绪和感受，说了等于没说，还可能会招致父母的一顿嘲笑或批评。孩子一旦预测到父母的反应，怎会自讨苦吃？就算有一天父母意识到自己的错误，想重新找回失散的亲密关系，可是，孩子很难再重新信任父母。

无条件接纳孩子的父母如何应对孩子的负面情绪？

- "摔倒了，有点疼是吗？想哭吗？来，抱一抱！"
- "怕打针吗？打针有点疼是不是？来，妈妈给吹一吹，抱着你会不会好一些？"
- "小狗来了，你是觉得它汪汪叫让你害怕？还是怕它咬你？爸爸抱着小狗，你来尝试摸摸它的头，好不好？毛茸茸的，很可爱，你想试试吗？"

换位思考，哪个孩子不希望被如此对待？只有这样，孩子才会维持敞开的心，青春期中的封闭性和排他性也会弱一些。

如果老师对亲子之间的这种情绪博弈很熟悉的话，那就更能理解为什么自己需要无条件接纳学生的负性情绪。因为老师不能失去学生的信任，也不能让学生关闭心门和嘴巴，更不能让他遇到问题时找不到可以寻求帮助的人，反而还需要去掩盖自己负面情绪的痕迹和因此造成的"伤疤"。

我曾经在培训的时候问过老师们一个问题："如果你到教室上课，发现一个同学正在哭，你会怎么做？"

老师们七嘴八舌地分享着自己的经验：问她为什么哭；让她先别哭了，下课再说；告诉她没什么大不了的，都会过去的；学生都是鸡毛蒜皮的小事，别管她，一会儿就好了……

我没听到任何一个真正完全接纳学生负性情绪的回答。老师们好奇怎么做才算接纳，我说不是安慰，也不是去问为什么，更不是无视，而只是边正常讲课，边递给她几张纸巾，边拍拍她的肩膀，她就会慢慢缓下来。等下课后，我会走到她身边问："现在好些了吗？需要跟我聊聊吗？"这一系列的接纳行为体现了几个要点：我看到了你哭，给你递了纸巾，我关心你；我没有当众问你怎么回事，我怕大家都把目光放到你身上，你更有压力；我把握课堂的有效时间进行教学，尊重其他同学的学习权；如果你需要我，课下可以跟我沟通。

总体来讲，不管学生之前做了多么差劲的选择、做了多少错事、经历了怎样的失败，教师都要无条件接纳学生的负性情绪，因为被理解是人的底层需求。学生只有感觉到自己被全然接纳的时候，才会觉得自己是安全的。

05　无条件接纳学生首先要学会失望

老师总有幻想，幻想自己教过的学生都能成才，自己讲过的道理都能被听懂，自己布置的任务都会被完美执行……为什么说是幻想？因为自从这世上有教育这个职业以来，就没有出现过这样的情况。

学生是正在成长中的人，不适应是他的常态。

学生是具有独立思想的个体，与老师有分歧也是常态。

人与人之间的沟通本来就存在漏斗现象。你说了，他不一定听了；就算是听了，不一定能听懂；就算听懂了，不一定去做；就算去做了，不一定能做到；就算做到了，不一定反馈给你；就算给你反馈了，也不一定都描述出来了；就算他都描述出来了，你也不一定都听到了；你就是都听到了，也不一定听懂了……按照这个循环，就算学生表现得让老师失望，也不全是学生的问题。所以，当老师幻想学生又听话、又懂事、又上进、又配合，只能说明这是老师一厢情愿的期待，或者是老师单方面的控制欲。那怎么办呢？当然是要先学会失望。

学会失望，就是以平和的心态看待学生，理解他们的不适应和不完美；

学会失望，就是愿意给学生时间和空间让他去增长能力，发展思维，学会解决学习和生活中遇到的难题；

学会失望，就是即便学生接受指导后仍然踌躇不前，但不影响老师寻思路、找方法，一如既往地帮助他们。

如果老师学不会失望，无条件接纳就变成了天方夜谭般的神话。我听过很多老师说过类似的话："我给你说过多少遍了？！""你答应过我多少次了？！"一问缘由，基本都是老师尽心尽力，学生调皮捣乱。可是，教育学生切忌大发雷霆，因为学生记不住老师的教导，只记住了老师的情绪。你看，学不会失望，对老师一点好处都没有。

有老师质疑，那学会失望，就代表着接纳学生在校生活一塌糊涂吗？允许学生破罐子破摔？绝对不是这样！"学会失望"跟"学会放弃"是两个完全不同的概念。前者允许学生暂时不够优秀、暂时遇到成长瓶颈，甚至暂时出现反叛状态，但是会继续陪伴学生、帮助学生；后者是放弃学生，不再在乎他成长与否。

很多老师都听过，甚至说过类似的话："这个学生只要不给我找事，我就谢天谢地了，他上课爱干吗干吗，只要不影响课堂秩序，我都能接受。"这种无奈的声音背后暗含着老师内心的酸楚，以及曾经掏心掏肺帮助学生却得不到回应的失落。但是，我想强调：酸楚可以，失落也可以，独独放弃不可以。

在我的课上，班里同学个个回答问题踊跃。事实上，有一位同学揪着我的心，因为他是当堂课唯一一个没有发言的人。第二次课，他仍然沉默。第三次课，他还是个隐形人。

我失望吗？肯定的，谁希望自己的课上存在这种现象呢？如果我做不到"无条件接纳"，就会给这个学生扣一顶"不配合、不投入"的帽子。我怎么办呢？第一步，调整心态，接纳他暂时游离在课堂之外；第二步，想办法把他拉回课堂。于是，我单独跟他沟通："我发现你这三周上课都没有发言，这不可以哦！"他用斩钉截铁的口吻说让我放心。原以为我这样和颜悦色的沟通会有效果，可事实是第四周、第五周，他仍然沉默。我想拍案而起，对他大发脾气，但那不符合无条件接纳的原则。我选择继续与他沟通："你觉得我怎么做，你能投入些？"学生非常诚恳地回复说："老师，您费心了，这个事情肯定是我的问题，我改！"见好就收，我没有强迫学生给我立军令状，我选择相信他，然后再次表示如果需要我帮忙可随时沟通。

事实是这个学生又连续沉默了两周,我急得像热锅上的蚂蚁,他却很淡定。我第三次找到他:"我真的很好奇,我到底可以做些什么帮到你?"他一如既往地说问题不大,自己能解决。我心里是无法隐藏的焦灼,说道:"其实我有些慌了,我不知道我怎样做才能让你真的参与课堂,我也不确定你是讨厌我,还是讨厌这门课的授课方式,或者其他的原因,但是我不想看到你受伤害,如果一直不学,你会发生什么呢?"他就好像特别理解我一样,迅速回应我说:"不是您的问题,是我自己的问题,我会调整的,我在改。"他又补充说道:"老师您放心,我可以的。"

他真的可以吗?第八周,上课常规互动,他突然开始发言,我顺势开心地引导大家参照他的观点进一步进行讨论。下课后,我对他说:"铁树开花!开心,谢谢你哦!"他骄傲地说:"那必然!爱您!谢谢您!老师辛苦了!"那一刻,我如释重负。

有老师说自己也会课下主动与学生沟通,但学生根本就不会回应。事实上,学生回不回应很大程度上取决于老师与他沟通的口气。我选择了无条件接纳;我选择了接受他暂时让我失望的状态;我选择了先向内探求我自己的原因;我选择了仔细打磨我自己的课让它对学生更有吸引力;我选择了给他机会,一次又一次地拉他一把……蜗牛再慢,也在朝向天空和阳光,老师千万不要挡住了学生心中的阳光和希望啊!

学会失望,不仅仅是学会对学生当前的状态失望,也是学会对自己当下帮助孩子的能力失望。教育,永远是双方的事情,少向外指向学生,多向内探寻。

06　无条件接纳需秉持目的论思维

1. 原因论思维

当住宿生说跟宿舍的同学相处不顺，想调宿舍时，你打断他说："跟宿舍的同学在一起就需要相互理解、相互包容。凡事也找找自己的原因，你在宿舍做过什么让其他人反感的事情？"

当成绩不佳的学生说某老师上课讲得真无趣，只想睡觉，你指责说："怎么别的同学能听进去，就你听不进去？是你昨天晚上打游戏太晚了才上课睡觉的吧？"

以上与学生沟通的方式都属于原因论思维。原因论思维来自著名心理学家弗洛伊德，他认为，不管是情绪，还是行为习惯，都可能从过去找到原因。

秉持原因论思维的老师，一旦遇到问题就习惯回溯过去，考虑过去发生了什么事情，才导致今天这个问题发生。这种回溯原因的沟通方式对于解决学生的各类问题一般没什么用处，有时候反而让学生感觉老师在故意针对自己，进而激发师生矛盾。

如果老师毫不留情地指出学生的漏洞，让学生内省自己的错误，那学生唯一想做的就是启动自我防御系统，要么闭嘴不谈，要么谎话连篇，要么反过来攻击老师，要么就是逃避老师。那既然原因论思维不好使，老师应该采取什么样的思维才算是既倾听又解决问题呢？答案是：目的论思维！

2. 目的论思维

目的论思维源自阿德勒，他认为，过去任何经历本身并不是一个人成功或失败的基本原因，人们会从过去的经历中，找到现在的目的因素。也就是说，如果一件事情发生了，事情发生的原因不重要，事情发生后如何解决更重要。

原因论强调为什么产生问题，目的论强调怎么样解决问题。

根据目的论思维，当学生说跟宿舍的同学相处不顺，想调宿舍时，老师可以问："发生了什么事情，让你这么想换宿舍呢？"这句话表达了老师愿意倾听他的故事。当他一顿吐槽之后（可能会很久，但是老师要学会频频点头以示在认真倾听），老师回应说："听起来你感觉很烦躁、很麻烦，迫切地想有一个和谐的宿舍关系。"注意，这不是探究为什么宿舍关系不好，而是指出学生对良好宿舍关系的需求，后者才是学生所追寻的目标。这是老师替学生表达了他内心的感受，他会觉得被理解、被接纳了。

当学生感觉被接纳，情绪稍微缓和以后，老师可以提出假设："假设现在宿舍关系比较融洽，你觉得是因为发生了什么事情？"或者"假设在宿舍关系比较融洽的情况下，你会为他们做什么事情？"或者"假设宿舍关系比较融洽，在周末的早晨，你们会一起做什么事情？"这种美好的畅想会带动学生对宿舍的接纳情绪。注意，是慢慢引导，而不是完全地要求学生必须做到什么，哪怕学生会排斥，不愿意想象或者认为困难，也要先认可他的情绪和感受，再继续进行引导。很多老师就是在这一步上，没有耐心，轻易投降。

当学生说出一两件可能会发生的事情，老师再引导他继续想象："如果这件事情真的发生了，你的感觉如何？宿舍其他人的感受会怎样？"也许从此开始，学生就学会了从认同感受出发去与宿舍的同学交流。

有老师质疑，认为学生宿舍里的矛盾都是剑拔弩张、难以调和的，这种处理方式未必有效。那什么算是有效呢？是他们亲如一家人？就算一家人也可能会打得不可开交，何况是来自不同家庭的学生呢？处理宿舍矛盾问题，老师要放低心态，只要学生能学会与自己不甚喜欢的人和平共处就可以了，毕竟这也是他们未来走向社会之后的人生必经路，权当提前演练了。如果学生之间真成了无话不谈的闺蜜或好友，那就当是生活的馈赠，好好享受就好。千万不要认为解决所有宿舍矛盾的终极目标就是关系亲密。

毫无疑问，目的论思维更有助于老师接纳学生。目的论思维让老师放下对问题产生原因的探究，而聚焦问题解决的方案，这让师生关系更亲密。

07　无条件接纳要区分学生与学生的行为

无条件接纳学生，做错了要接纳，失败了要接纳，恐惧了要接纳，那这算不算是溺爱？算不算对学生放任自流？将无条件接纳误读成溺爱是很多老师或家长常犯的错误。这大概是因为他们在无条件接纳之后常忘了做一件最重要的事：解决问题。

无条件接纳，对人不对事。 无条件接纳，不代表学生做什么都是对的，做什么都支持，那是对"无条件接纳"的大误解。无条件接纳的只是学生这个人，而不是认可他所做的一切行为。无条件接纳除了包含"虽然你犯了错误、表现不好，甚至你触犯了规则底线，但你是我的学生，我仍然爱你"的豁达之外，还要包含"我们一起来看看，我可以如何帮助你，你又如何解决你现在所遇到的难题"的智慧。

我曾在幼儿园看到孩子 A 抢了孩子 B 的玩具，孩子 B 就推了孩子 A 一把，结果两个孩子都哭了。幼儿园老师并没有劈头盖脸地批评孩子 B，而是先接纳他的情绪，说："你刚刚很生气，玩具本来是你先拿的，你不想给他玩，是吗？"这位老师的处理方式其实很不错，孩子 B 捍卫自己物权的想法是可以被理解的，问题在于老师疏导完他的情绪后就没有下文了。孩子 B 确实被理解和接纳了，但是他推人的行为没有被规范，并没有学到如何处理玩具争夺的冲突，也许下一次，他还会采取推人的方式。

情绪没有对错，但是行为有。因此，在理解、无条件接纳孩子的情绪以后，一定不要忘了解决问题，比如向被推倒的小朋友说对不起，并且告诉他抢别人玩具是不对的，或者引导孩子看管好自己的玩具。具有问题解决思维的老师会继续说："下次再有小朋友想玩你的玩具，如果你刚好不想玩了，就让他玩一会儿；如果你还想玩，你可以跟他一起玩，好朋友一起分享；如果你想自己玩，你就说'我还想再玩一会儿，等我不想玩了，再分享给你，好吗？'"跟孩子沟通好不代表孩子就一定能学会，这时候还要跟孩子角色扮演，交换扮演玩具持有者和玩具抢夺者来练习沟通方法，在练习中通过反馈与纠正，帮助孩子理解分享与表达。这是建立在"无条件接纳"基础上的"问题解决"。

同理，学生作弊这件事，看下面这位老师的处理方式。

师：能不能告诉我，作弊是因为什么呢？我很好奇。

生：老师，我知道错了，但是我想考个好成绩。

师：为什么想考好成绩呢？

生：咱们学校是私立初中，学费高，我看爸妈挣钱太辛苦，想拿奖学金，让爸妈高兴，也减轻负担，我知道错了。

师：嗯，我理解了，想考好些，减轻家里负担，也让爸妈高兴些。

生：老师，我知道错了。你骂我吧！

师：我不骂你，心疼家人，想让爸妈开心，这些都挺好。我想跟你商量一下，想考好成绩，除了作弊还可以用什么方法？

生：我知道了，打铁还需自身硬，我应该自己好好学习的。

师：我支持你啊，那你觉得你做到什么就算是好好学习了？

生：我要上课认真听，课后要复习，不懂我要去问老师或同学。

师：挺好的，那要从哪天开始呢？

生：当然从今天开始了！

无条件接纳的首要秘诀就是区分学生和学生的行为。接纳并不意味着学生可以为所欲为，学生作弊行为的确不应该接纳，但是不影响老师接纳学生这个人以及他内心的正向需求，并帮助学生基于需求寻找解决问题的方法。

无条件接纳，认同的是学生的感受，而非学生处理问题的方式或者学生错误的表达方式。所以，认同与纠正是一个事情的两个步骤。就算学生犯了错，存在不良的表达和行为，认同他们的感受是第一步，纠正是后续的事情。

这就涉及老师是否愿意并且能看到学生所有表达和行为背后的需要和情绪。大部分时候，老师都不会留意学生表达出的信息，反而总被自己的猜测和感受所控制。如果老师能透过学生言语表达和行为的表面去看本质，就会发现一个关于学生的更为宏大的内心世界。

学生上课讲话，比起给他们扣上不认真听讲、不遵守课堂纪律的"违纪之帽"，不如观察和倾听学生，看看他们是不是需要老师多一些积极的关注，还是遇到了一些不开心的事情，又或是老师的课程内容和组织的吸引力不够……

学生不按时交作业，比起责备他们不遵守学习秩序、拉班级后腿、不配合老师，不如多审视学生不按时交作业背后的感受：是自律性差？是时间管理能力差？是没学会知识，不会做？是作业太简单，不屑于做？是偶然忘记了？是因为讨厌任课老师而讨厌这门课？……

责备和批评学生不是目的，也不是手段。很多老师的经验都表明：责备、批评甚至惩罚学生都不能让学生在课上闭上嘴巴，也不能让不写作业的学生每次按时交作业。每个学生问题行为背后都有他独特的原因，不随意给他们贴负性标签，而是去了解他们的感受，从他们的感受和需要出发来帮助他们解决学业困难，这才是老师应有的修养。

在学生出现错误行为时，老师最大的挑战是控制情绪。我建议，如果老师控制不住自己的情绪时，就问自己如下三个问题：

（1）我骂他能解决问题吗？

（2）我骂他是让问题变得更糟，还是变得更好？

（3）我怎样做才能让他从错误中成长？

总之，无条件接纳，是无条件接受学生这个人，但不代表无条件认同学生所做的行为。把学生这个人本身与学生所表现出来的行为区分开是技术也是艺术，是每位老师都需要掌握的真本领。

08　无条件接纳要区分评价与回应感受

感受与人的思想情绪相关。我们常说"每个人都有被看见"的需要,其实就是提醒我们要看见并回应别人的感受。跟学生相处过程中,老师多以自身标准来评价学生,却少有对学生感受的温情回应。

小凯是王老师的重点帮扶对象,王老师利用晚自习时间给小凯单独辅导,之后给他布置了一项学习任务,订正考卷上的错题并整理在错题本上。小凯知道自己应该在下次辅导之前完成学习任务,但一连串的课程和作业,让他把这事忘得一干二净,王老师很生气,当着全班同学的面批评他:"我这么辛苦辅导你,你还这么不配合!你学习是为我学的吗?!"

小凯被批评心里自然很郁闷,如果你遇到他,听了他的故事,你应该如何倾听并帮助他解决问题呢?以下分别是评价学生的方式和回应学生感受的方式,你会选择哪一种呢?

1. 评价学生的方式

(1)否定感受。

这不算什么,不值得这么郁闷,你可能只是太累了,才觉得特别难受。其实,没什么大不了。笑一个吧,你笑起来比哭丧着脸好看多了。

（2）讲大道理。

　　这是人生必经，谁没被老师骂过啊？对吧？看开些，没有人能完全理解另一个人，世界上也没有完美的事情。

（3）给出建议。

　　我告诉你，你今天晚上熬夜整理好错题集，明天早点去王老师办公室，跟他承认错误。对了，别忘记顺便给她带杯奶茶。以后可长点心吧，做事认真点。

（4）好奇原因。

　　到底什么急事能让你忘了王老师布置的任务？以前你犯过类似的错误吗？你有没有继续再跟他解释一下？你解释的时候他到底怎么说的？

（5）偏袒对方。

　　我特别理解王老师，要是换作我，我也很生气。你能忘了这个事，可能也代表着你根本不尊重王老师。

（6）偏袒学生。

　　这个王老师是不是有病啊？一点都不理解你，也不心疼你。太自私了，一天天这么多作业，哪写得过来啊？

　　以上这六种方式都属于迫不及待地评价，要么评价学生，要么评价老师，要么评价整个事件，这些评价都在学生的心理预期之外。实际上，学生在难过或者受到伤害时，最不想听到的就是以上这些大道理、建议或者他人的看法，这只会让他们感觉更糟糕。好奇他怎么能忘掉老师布置的学习任务只会让他产生更强烈的自我防御心理；否定他的感受、认为区区小事不值得如此难过，更是隔离了学生的内心。这种情况下，学生通常的反应是："算了吧，反正也不懂我，再说下去也没什么意义。"这会导致学生没有心力考虑事情该如何解决，反而一直处于郁闷的情绪中。

2. 回应学生感受的方式

回应感受有三个步骤：
（1）全神贯注地看着学生，听他描述。
（2）用眼神交流、点头或者"嗯""这样啊"来简单回应学生以示倾听。
（3）说出学生的感受。

> 今天对你来说，真是糟糕的一天。上了一天课，又赶作业，午饭都没来得及吃，这么辛苦，又在同学面前挨王老师的批评，你心里一定不好受。

如果老师能这样表达并认同学生心中的焦躁和郁闷，学生的感觉就能好一些。一旦被理解、被接纳，老师无需给予过多的方法和技巧性的指导，学生也能处理好自己的情绪和面临的问题。

> 其实，王老师平时对我挺好的，他可能今天也遇到什么事了。我也是，我应该安排好的。晚上我还是把错题集整理好，明天我再去找老师道歉。不过我会告诉他，他刚才跟我说话的方式，让我很难过，而且如果要批评我，最好不要当着同学的面，我觉得很丢脸。

你看，很多时候，学生并不是不懂道理，而是害怕那种不被看见、不被接纳的感受，为了保护自己，他们反而会做出一些看似不懂道理的行为。通过倾听，良好地回应学生的感受，让学生平静下来，是老师应该做的事。

3. 区分评价学生与回应感受

无条件接纳的难点是接纳学生的负面情绪，并说出他们的感受。说出学生的内心感受非常重要，因为一旦老师帮助学生确定了他们正在经历什么样的感受，他们便已经开始着手帮助自己了。遗憾的是，老师常关注学生的行为，很少关注他们的感受。其中主要原因是大多数老师对感受的描述和表达很陌生，这需要老师不断地练习，不断地从学生的语言表达、面部表情和身体动作中探寻他们的真实感受。

表 1 对"评价学生"和"回应感受"两种方式做了区分,希望通过对比能够帮助老师感受到"回应感受"的积极力量。表 2 则列举了一些关于感受的词语,辅助老师练习,多用感受表达共情。

表 1　不同回应方式的比较

事件	评价学生	回应感受
生:我真想打他一顿。	师:那可不行,你打了他,你不需要负责任吗?对你、对他都不好!	师:听起来,你好像很生气。
生:就因为我们上课说话,老师直接就不讲课了,真过分。	师:你们上课为什么要说话?上课不应该认真听讲吗?	师:老师这样做,让你觉得失望了?
生:小明让我跟他一起去参加社团招新,但是我不知道要不要去。	师:去啊,去试试,也锻炼一下自己。	师:嗯,你好像有些犹豫要不要参加社团,我很好奇,为什么呢?
生:真搞不懂,老师留这么多作业干什么,我们又不是作业机器。	师:作业是为了让你们巩固知识的,不写作业你们是高兴了,但是题不会做!	师:听起来你有些讨厌这些作业。
生:郁闷死了,今天篮球比赛,我一个球都没进。	师:这很正常啊,比赛就是这样,随机性很强。	师:那一定让你感觉到失望了,有点泄气?
生:要毕业了,见不到我最好的朋友了。	师:这有啥,交通这么便利,买张车票就看到了。	师:毕业是挺伤感的,舍不得好朋友。

表 2　感受词汇表

积极感受	消极感受
舒服:充满活力、满意、自在、放松、感到安全	不舒服:心神不安、愤怒、缺乏安全感、痛苦、难过、窘迫、尴尬
精神焕发:精神振作、精力充沛、非常灵活、放松、有生气、意志坚定	疲倦:筋疲力尽、瞌睡、迟钝、虚弱、迷茫、毫无生气
兴致盎然:很好奇、激动	冷淡:感到无聊、枯燥、乏味
高兴:开心、充满希望、心怀感激、有生气、快乐、喜悦	伤心:不高兴、失望、沉重、孤单、悲观、灰心

续表

积极感受	消极感受
安静：平静、头脑清晰、满意	紧张：担忧、困惑、紧绷
充满爱心：良好联系、热情、开朗、温柔、友好、亲切	狂怒：生气、愤怒、沮丧、伤心、暴怒、崩溃、充满敌意
充满感激：感谢、心存感激	烦恼：失望、痛苦
有趣：爱冒险、充满灵感、受到鼓励、热情洋溢	恐惧：害怕、犹豫不决、震惊、担心、焦虑、受惊吓、不知所措

* 本表摘自：《教室里的非暴力沟通》，有删减。

"回应感受"的方式既帮助学生从情绪中释放出来，也为学生提供了继续表达自己的出口，让他相信老师懂他且愿意洗耳恭听。以"评价学生"的方式回应，一般都是老师希望能"立竿见影"地解决学生的情绪和所面对的问题。但这是南辕北辙的方法，学生更希望老师接纳和回应他们的感受，而不是提出建议，更不是站在对立面批评他。

老师越能以"回应感受"的方式倾听，学生越能够辨别自己的感受、了解并承认自己最真实的想法。一旦他们清楚了自己内心的真实想法，他们就能集中精力来应对出现的问题。

当学生因为拿到了某个奖项忘乎所以地又蹦又跳又叫的时候，老师很有可能全然不顾他们的喜悦，板起脸说："胜不骄败不馁，别光顾着高兴，也总结一下这次的经验和教训，想想下次怎么赢。"老师说的话有道理吗？有道理！但是却是让人讨厌的道理。这些话留着日后慢慢讲，此刻要做的就是关照学生的情绪，认同他们的喜悦，甚至与他们一起开怀大笑，一起蹦蹦跳跳。只有认同并回应学生的感受，才能融入学生。

你可能会反驳我说："难道就不应该教育学生吗？难道不应该让他们在人生经历的每一件事上都获得成长吗？"我完全同意你的观点：学生需要引导，我们需要承担责任，必要时我们需要给他们摆事实讲道理。但是，在讲道理之前请先承认他们有资格表达自己的感受。你要做的很简单，就是全纳学生的感受。

克制住你"教"的欲望，让学生自己慢慢来，才是最好的方式。

09　无条件接纳的工具是倾听

从关注原因到关注目的，从关注行为到关注学生本人，从评价学生到回应学生感受，都属于思维的转变，它是无条件接纳的先决条件。思维的转变有难度，需要时间和训练，你可以借助工具来调整和加速转变。

倾听就是无条件接纳的绝佳工具。

倾听，要求老师不仅用耳朵听，还要站在学生的视角、不加任何评判地听。这才是对学生感受的认同，是在师生之间奠定相互信赖的基础。无论学生当下表现出来的是兴奋喜悦还是灰心丧气，是焦躁不安还是不知所措，认同学生的感受等于是在告诉学生"我尊重你，你是具有自己独立情绪和情感的人"。

老师常搞不清楚自己与学生沟通的原始动机到底是什么，是为了向学生证明自己多聪明，能轻易看透他们的小心思，还是为了了解学生内心的困惑和疑虑？有的老师常常会打断学生的话，作出猜测并且不容反驳，如果学生反驳那就是说谎，并用各种证据来证明自己是对的。一个老师如果总想当对的人，就很有可能走在失去学生的路上。

语言是思想的载体。老师的毛病就是说得太多，听得太少。倾听是沟通的基础，善于倾听的人才能当个好老师。倾听不能止于听，在听的过程中要对学生提供的信息进行解析，并给出积极的回应。那到底怎么回应，学生才愿意讲给你听呢？以下是几种方案。

1. 重复学生的话

重复学生的话，使学生的思维不被打乱，且能在叙述过程中，整理自己的思路和感受。需注意的是，老师必须在"重复"的过程中保持关心、温暖的姿态，身体要完全面向学生，手上不能同时做其他事情，眼睛要看向学生，同时要表现出对学生及他讲的话感兴趣。

学生：我真的很生气，他把我的书都扔到了地上。

老师：嗯，你很生气。

学生：对啊，就算是我不小心摔坏了他的笔，他也不能扔我的书啊，他真讨厌。

老师：你摔坏了他的笔，他扔了你的书，是这样吗？

学生：是啊，我不是故意的。

老师：你不小心摔坏的。

学生：嗯，如果我小心一些就好了。

老师：那怎么小心一些呢？

学生：下次我要轻拿轻放，教室有点挤，我挪动位置的时候要慢一些。

老师：嗯，下次你会小心一些，那他怎么办？

学生：我会跟他道歉，也商量一下，看要不要给他买支新笔。但是我也会告诉他，他把我的书都扔了，我很生气。

设想一下，另一种回应——

学生：我真的很生气，他把我的书都扔到了地上。

老师：他能无缘无故扔你的书吗？你做了什么？

学生：我什么都没做！你怎么不分青红皂白就批评我呢？

老师：那你说说到底怎么回事？

学生：不就是我摔坏了他的笔吗？至于吗？气死我了！

老师：你摔坏了他的笔，不该道歉吗？你先给他道歉去！

学生：我就不！他怎么不给我道歉，他还扔了我的书呢。

老师：你怎么这么不听话，是你先摔坏了人家的笔！

显然，重复学生的话，既能让学生感受到老师的倾听和支持，也能够帮助学生舒缓情绪、厘清思路，同时找到问题解决的思路。一般情况下，老师都不太信任学生，急于批评或教育他们，结果反而适得其反。

重复学生的话需要注意重复频率。重复频率不能过高，否则会破坏学生的说话节奏，令其感到困扰，同时让学生误以为老师只是机械式反应，而不是认真回应。

2. 神奇的简单提问

简单提问的方法也非常适用。比如，"那还有吗？""然后呢？"这种回答也可以理解为老师想听学生继续说下去，就好像在跟学生说："继续说，我很好奇，我想知道更多关于你的事情"。温州的焦老师讲过一个她和她学生的故事。

> 有个已毕业在读高中的女孩突然给焦老师打电话，咨询如何学好英语。焦老师很纳闷，自己是个教数学的老师，她怎么会给一个教数学的老师咨询英语学习方法呢？焦老师猜测这个请求背后肯定有其他的需求和感受，于是她追问道："哇，想学英语啊，那你觉得学好英语都有什么好处呢？"学生说感觉会说英语很酷。焦老师心想"会说英语很酷"这个理由不足以刺激学生给自己打电话咨询英语学习方法，于是她决定继续挖掘："说英语很酷，那还有吗？"学生继续吧啦吧啦说了好多，比如可以看不带字幕的英文电影，能够提高英语成绩等。焦老师听着，没有添加任何评论，只是又连续追问了几个"那还有吗？"最后，学生说："老师，其实我喜欢一个男孩子，他的英语超级厉害，我想做一个配得上他的女生。"听到这句，焦老师内心的疑惑解开了，这个女孩并不是真的在向一个数学老师咨询英语学习的方法，她是在向一个自己信任的老师咨询那些关于初恋的小困惑。

焦老师的确厉害，她能够看到学生语言背后的需要，而且她并不是故作聪明地直接说出来，而是以好奇的姿态，通过不停地追问"那还有吗？"来激发学生更多的内心表达。

多问几个"那还有吗?"既表达了对学生身上所发生事情的好奇和兴趣,又表达了愿意倾听的意愿。所以,老师想倾听学生,并非只提供耳朵就好,还要用问题慢慢降低学生的心理防御,打开他们的心扉。

3. 奇迹提问法

奇迹提问法是从结果开始,首先假设学生的梦想已经实现了,然后逐一回顾这个过程,让学生设想他的梦想是如何实现的,一直倒推出学生解决问题的第一步行动。

奇迹提问专注于未来导向,引导学生去假设如果问题消失后他们的生活景象。它将学生的焦点从现在和过去的问题转换到一个比较满意的状态中。使用奇迹提问法需要注意的原则有:

(1)讲慢一点。用柔软、温和的声音和语调,以使学生有足够的时间从问题焦点转换到解决焦点。

(2)未来口吻。奇迹提问要求学生描述未来,所以要用包含未来方向的字眼,如"什么将会不一样?""如果奇迹出现了,那是因为发生了什么事?"

(3)聚焦变化。如果学生退回谈论问题,要逐步地重新将他的注意力聚焦在奇迹发生时,他的生活会发生什么变化。

(4)激活想象。通常,学生对奇迹提问的回答不见得是最优的解决方案,老师需要持续提出一系列相关问题,以协助学生表达他们期待的更好、更具有实践性的未来景象和解决方案。

> 曾遇到一个考试屡次不及格的学生,班主任把他带到我这里接受帮助。为了打消学生的疑虑,也表示我对他并没有任何偏见,我先让学生自己谈谈当下的状态。学生沉默了一会儿,说:"我学不会,也不想学。我知道班主任让我来这儿干啥,但是我知道自己已经完了,我也就这样了。"

在学生的口气里，我看到了他的失望和绝望。奇迹提问法就在这时候冒出来了："如果，我是说如果，今晚上你睡得特别舒服，明早醒来后，精神状态特别好，而且你现在的困难都消失了，各科考试都及格了，你会去做什么？"

学生很反对这个假设，说这是不切合实际的想象，拒绝回答这个问题。我没有着急，我笑着看着他的眼睛说："没关系，我们尝试想象一下，如果明天早晨奇迹真的发生了，你看到那样的自己会去做什么？"老师不急不躁、不卑不亢、保持微笑、直视学生，学生感觉被接纳和安全，他就会慢慢放下紧张和抗拒。如果一遍不行，就两遍，两遍不行就三遍，温柔而坚定，让学生相信可以跟随着你一起去想象。

学生笑了一下，说："也许我会吃我妈做的早餐，喝一杯温暖的豆浆，怕她一早晨就教育我，我已经好久没吃过早餐了。"他用的词突然这么温暖，是他在变化中。

我看着他，继续提问："那如果你喝了一杯温暖的豆浆，吃过早餐，你的感受会是什么？接下来呢？你到学校会做什么？"

学生开始变得活泼了一些，这次他没有拒绝想象，说自己可能跟同学聊几句，也可能窝在教室后面看小说。

我没有像班主任一样着急纠正他。我知道，对学习的恐惧是一个各科都不及格的学生要面对的第一个问题，而解决问题的第一步是先让他有勇气从封闭自己、保护自己的状态里走出来。所以，我对他说："那就试一试，明天先吃顿温暖的早餐吧，怎么样？"

学生很诧异，问我："难道这样就够了吗？您不打算再劝我别看小说，别浪费时光，好好学习之类的？"学生一直都在听这些大道理，而这些大道理背后都没有看到学生内心的另一面，他们需要被接纳此刻很不好的状态，而老师们总是迫不及待地想改变他们。其实，老师们所做的都是徒劳。

我说："比起好好学习，好好吃早饭更重要。等你喝过温暖的豆浆，心里舒服了，再来跟我一起讨论学习的问题。"

时间很短，但是学生跟我说的话比跟班主任说的话还要多，就是因为我用了奇迹提问法去提问，也因为不是努力改变他，而是温和地接纳他，又触发他自己愿意去尝试改变的第一步。

后续的故事很简单，学生喝了豆浆，心情好了些，主动来咨询室跟我探讨他的学习问题，我跟他一起制定了一份需要老师帮扶的学习进步方案。学生的成长型思维被激活了，到学期末，虽然他各科成绩仍不是高分，但也都及格了，在向好发展。

我知道你可能会怀疑，你会说你的学生比这个难搞多了。别找借口，你只是做不到无条件接纳学生而已。现在，你只需要用奇迹提问法帮助学生自己看到前方的希望和可能，让学生自己愿意主动发生改变。学生自身的意愿是最重要的，而老师若不接纳现在不够好的他们，他们就很难有主动意愿去改变。奇迹提问就像拉开了窗帘，能够看到光，光照射的地方，就是学生开始蜕变的地方。

其实，奇迹提问法也可以帮助老师解决自己的问题。一旦遇到不知所措的情形时，也可以用奇迹提问法自问自答、自我引导。

一次，一位中职老师找到我，说自己30岁的年纪，在班主任的岗位上一干就近十年，最近觉得到了瓶颈期，想去读研究生，希望能有一个好的平台。但她又很恐惧，一来恐惧自己年纪大了，备考不易，就算考上了也不容易读下来；二来读研究生会暂停工作，经济上会受影响。她左右摇摆，不知如何是好。

我问她："先不管现在的纠结，假设一下，此刻时光'叮'一下跳到了十年以后，也就是你现在已经40岁，想象一下，此刻你正在哪里，过着什么样的生活？"

她想了一下："40岁，那个年纪好像很老了，哈哈，那时候我想我能不慌不忙地工作，工作内容要多点含金量。"她推了推眼镜，继续说："心境要更平和些，有时间读读书、喝喝茶。"

"所以，哪个选择会让你离目标更近？"我问道。

"那我还是坚定决心考研吧！"她这回毫不犹豫地回答了我。

后来，她问为什么自己纠结了那么久的事，而我问了两个问题就得到了解决。我想还是用目的论去解释。我关注的不是此刻有什么困难，而是她将要去什么地方。如果满眼看到的都是困难，人就会犹豫不前，如果看到了未来的自己，就知道此刻做什么才能到达。奇迹提问就是辅助她绘制未来蓝图的工具，未来蓝图绘制得越清晰，她越知道如何做正确的决定。

10　小结

　　有时候你会很生气、很愤怒，因为学生的确做错了事，让你失望了，你觉得你没得选择，但实际上，愤怒也是一种选择。你说你控制不了愤怒的情绪，我说那同样是一种选择，否则，假设你正在跟学生暴怒的时候，领导给你打来电话，你还会用暴怒的口吻接电话吗？你会不会立刻调整到比较温和的态度？挂断领导电话后，你是不是又继续对着学生吼？所以，既然愤怒的情绪是你可以控制的，那就说明你的态度是你自己选择的。

　　既然可以选择态度，那我们就选择无条件接纳的态度吧。如果一时觉得自己的情绪控制不好，那就强行忍住怒气，深吸一口气，先去外面走一圈再回来跟学生聊一聊。这个新习惯形成的过程可能需要一段比较长的时间，可以慢慢来。

　　规矩如果不是建立在良好的关系上，就会导致反抗。如果你能在无条件接纳的基础上与学生建立良好的关系，反抗就不会发生，相反，你会得到学生积极的回应。我承认学生不会一直很听话、很守规矩，但因为他们知道无论发生什么，你都会无条件接纳他们，你这里是他们最安全的港湾，所以即便他们犯了错、遇到了问题，也会信任你，寻求你的帮助。

第二章

赞赏学生

很多时候,老师教育之路上的阻碍就是他自己,因为老师总在风风火火地"逮"学生的错误,然后加以批评管教,难道这就是教育的全部?试试换个思路,细心捕捉学生做得好的地方,并毫不犹豫地表示赞赏和鼓励,学生的感受会如何呢?师生关系会如何呢?换个视角看学生,我相信你与学生的关系可能会发生天翻地覆的变化,而这变化一定是朝向更好的方向。

学生有被欣赏、被认可的需要,老师有观察学生的闪光点并及时表达的责任。很多老师并不否认"赏识教育""正面激励"的作用,但是却不习惯及时、正面地表达赞赏。

01 你会赞赏学生吗？

1.回忆一下，你赞赏学生的频率。请从下列选项中选择一个最符合你情况的选项_____。

（1）张嘴就来，随时表扬。

（2）学生表现特别好的时候，表扬一下。

（3）心里记着学生的好，期末综合测评多加几分。

（4）几乎从来不表扬学生。

2.想象一下，你面前站着一位学生，这位学生是谁由你确定。现在，请你开始夸奖他，尽量列出你能想到的所有值得赞赏的地方。

（1）_____

（2）_____

（3）_____

（4）_____

（5）_____

（6）_____

（7）_____

（8）_____

以上问题没有标准答案，但是有助于你向内审视自己对学生的赞赏情况。审视是优化教育方法的第一步。接下来，我们一起慢慢梳理何时赞赏、如何赞赏学生。

不管做什么事情，学生都渴望来自他人，尤其是老师等重要他人的反馈和认可，这是其归属感的需要。如果老师几乎从来不表扬学生，这会让学生怀疑自己的能力或价值。一旦学生将自我怀疑带到日后的学习和生活中，就可能会影响到他曾经擅长的领域。究其原因，是因为在他表现好、表现努力的时候没有得到老师的赞赏，他会怀疑自己之前的行为方式、价值观等是否正确。

在网络上经常会看到有人极尽所能地寻求父母或老师的认可，甚至不择手段，等到不幸事件（违法、自杀等）发生时，才发现父母或老师并非从未认可过他，只不过标准高又怕他骄傲，所以都憋在心里没表达出来。误解一旦产生，很难再消除内心的疙瘩，这也是很多不幸事件的根源。

无论是因为你个人性格内向、不善言辞，还是因为你的标准高、学生达不到，如果你的确很少表达对学生的欣赏和认可，那就尝试突破一下自己，多表达一下对学生的赞赏吧！如果你认可赞赏学生的意义，那回顾你常用的赞赏语言是不是包括"她很漂亮""她很棒""她很好"，或者"他很认真""他很善良""他很努力"？

想一想，这样的赞赏能让学生满足吗？同样，如果有人这么夸奖你，你的感受如何？会丝毫不怀疑这些赞赏的真诚性吗？会享受被人以这种方式赞赏吗？如果你也有一丝不确定，那就说明你也已经意识到这些赞赏方法需要改进。

至此，我们达成共识：赞赏很必要；赞赏需要方法。

接下来，就一起探索"赞赏之旅"吧！

02　赞赏学生的外表

1. 发现变化即赞赏

每次假期，或长或短，学生返校之后都会发生一些变化：剪短了头发、换了一件衬衣、背了一个新包、用了一支新笔、拿了一个新水杯……老师需要注意观察学生身上发生的变化，并假装不经意地把学生的变化讲出来。那种感觉就是"你需要非常努力才会看起来毫不费力"，明明在仔细观察学生，但是不要让学生感觉到你的刻意，否则他会怀疑你夸奖他的真心，导致效果大打折扣。

请你寻一个偶遇的地方，或者是去教室的路上，或者校门口，或者食堂。

请你亲切地呼唤他的名字，随意地说出口："明明，你头发短了！""小阳，今天换了一件新衬衣！""睿睿，新鞋子哦！"

接下来，你会感受到情感的流动，学生会报以欢喜的微笑，有时会滔滔不绝地跟你讲理发时候的趣事、买衬衣怎么砍价以及新鞋子是磨了爸妈两个月才搞到手的……讲到兴奋之处，他们还可能手舞足蹈，那欢快的样子可爱极了！

为什么学生会这么开心？因为当你说出学生的变化时，他会有一连串的思维反应：

老师为什么会发现我剪短了头发／换了新衬衣／穿了新鞋子……？因为老师关注到了我！老师为什么会关注到我？因为老师喜欢我！老师喜欢我，那我是不是也喜欢老师？

那当然要喜欢老师!

我们大多喜欢跟自己喜欢的人在一起喋喋不休、讲东讲西,当你的学生开始愿意跟你讲他的生活琐事时,距离他向你敞开心扉也不远了;当你的学生开始愿意跟你敞开心扉时,你的工作也定会轻松很多。

你对学生的赞赏是有回报的。如果你哪天成了学生的谈资,被你关注过的学生会按捺不住地表达对你的喜欢,他还会有理有据地告诉班里其他人,说你是一位真正关心学生的老师。你要相信每一位学生都有他自己的影响力,如果你多通过如此简单的方式表达出你对学生的关注和喜欢,你也会收获越来越多喜欢你的学生。彼此喜欢是多么美好的师生状态啊!

我知道你可能纳闷,为什么发现学生身上的变化就算是欣赏学生?其实,谁会关注一个自己不喜欢的人呢?因为喜欢,因为欣赏,才愿意倾注更多的心思去观察他。一旦观察了,并且及时地表达出来,就让学生有被尊重、被照顾的感觉。在学生看来,你不仅仅关注到了他发型、服饰的变化,还关注到了他这个人,而你关注他的理由,就是因为你觉得这个学生足够优秀、足够让人喜欢。

虽然此时此刻,学生并不知道自己真正值得老师欣赏的特质是什么,但是,他感觉到了你的喜欢就够了。多数情况下,我们都喜欢"喜欢自己的人",你越是表现出喜欢他,他也反过来越愿意喜欢你。这是美妙的爱的流动和循环,彼此联结、亲密、信任。

也曾有老师质疑过我,他反问:"如果一个你不喜欢的人追求你,难道你会因为他多夸你几句、多送你几次礼物,你就接受他的追求吗?"坦白地说,这真是一个好问题,甚至差点让我妥协,但是转念一想,这位老师混淆了两个概念:爱情与亲情。虽然我们有时候会将师生关系比喻成一场恋爱,但是终究是比喻而已,师生之间是友情、是亲情,却不是男欢女爱的爱情。我们喜欢"喜欢我们的人",但是却不一定要嫁给"喜欢我们的人",这是两码事。对于师生而言,两情相悦是我们追求的常态,彼此喜欢让教育自然而轻松,何乐而不为呢?

关注学生外表变化这件小事可以调和师生关系,但也可能会有老师反驳说"学校是教学生知识、技能和态度的地方,费尽心思搞师生关系有那么重要吗?"我非常尊重的一位专家告诉我:"关系比技巧重要!通情才能达理!"其实,知识、技能、态度与关系比起来,都是次序位的。老师要先建立关系,再考虑教什么、怎么教。如果学生连看都懒得看你一眼,那你传递什么学习内容都会被拒绝。所以,请你通过"发现",表达"赞赏",建立"关系"。一旦师生关系和谐,那么接下来的教学工作就会轻松许多。

很多老师用"管教"这个词来形容对学生的教育,而在我看来,一旦建立了和谐、亲密的师生关系,可能你的学生已经不需要用"管"这个词去对待了。

2. 喜欢即赞赏

怎样让新生一入校门就感觉到学校的包容和亲和?想必这是很多校长、老师所关心的。新生报道就是与学生建立信任关系的绝佳时机。

对新生而言,报道这一天是具有仪式感的日子。想象一下,一年级的小学生,在报道这天穿上自己最喜欢的衣服,背上心爱的小书包,来到学校。这时候,老师一边叫着学生的名字,一边表达着喜欢:

- 紫薇,你的帽子真好看,我也喜欢!
- 尔康,你的背包很帅嘛!是你自己选的吗?
- 小燕子,你的眼睛好亮啊,真喜欢你的眼睛!

……

有老师提出异议,如果遇到那种乍一看从头到尾都不喜欢的学生,该怎么表达喜欢?这个问题,虽然我们不想承认,但还的确存在。总有一些学生,从审美到行为都让我们一时难以接受。怎么办呢?我来教你——

不喜欢他的帽子,可以喜欢帽子的颜色!

不喜欢她的裙子,可以喜欢裙子上的扣子!

不喜欢他的鞋子,可以喜欢鞋子的舒适度!

不喜欢他的裤子,可以喜欢裤子的材质!

我的理念是：没有我们从头到脚都不喜欢的学生，只有不努力寻找喜欢点的老师。如果真遇到乍一看从头到脚都讨厌的学生，那就再往下一层特质深挖：款式、颜色、材质、品牌、饰品……我就不信你找不到任何一个与你的喜好相匹配的点！

我猜你可能觉得好笑，甚至可能都笑出了声音，觉得我有些狡诈。其实不是我狡诈，而是老师不耍点小聪明，怎么能配得上老师这个称呼呢？

从心理学的角度上看，把握新生报到这个时机符合首因效应。首因效应是指交往双方形成的第一次印象对今后交往关系的影响，是"先入为主"带来的效果。虽然第一印象并非总是正确，但却是最鲜明、最牢固的，并且决定着以后师生双方交往的进程。如果在初次见面时，老师能代表学校给新生留下良好的印象，那么新生就愿意和老师接近，彼此也能较快地相互了解，并会影响对双方以后一系列行为和表现的解释。反之，一个初次见面就引起学生反感的老师，学生会对他非常冷淡、不信任和排斥，在极端情况下，甚至会在心理上和实际行为中表现出对抗状态。

俗话说，"你不会有第二次机会去创造第一印象"，那就把握这绝无仅有的第一次机会吧！第一时间，最好在初次见面的前7秒就能脱口而出赞赏的话，这就是你对学生最初的吸引。这可能是你们未来和谐关系的催化剂，也可能是某个重要事件的关键节点。

03 赞赏金字塔模型

如果我们每次都只赞赏学生的外表，恐怕学生会认为我们过于肤浅。就像无论多漂亮的演员都努力想做实力派而非花瓶，我们的学生也不会甘于老师只看到他的外表而看不到他的内心。坦白说，对学生外在的赞赏只能应用于短期建立良好的师生关系上，一旦涉及对学生具有驱动力的赞赏，或涉及长期的良好师生关系，就要老师投入更多的智慧。

老师的职责是教书育人，是推动学生持续地成长和发展。显然，我们需要深度挖掘学生内在的一些特质。如赞赏学生外表一样，赞赏学生内在也需要深入到细节里。

先讲个故事吧。

2019年10月2日，是我在朋友圈发读书笔记的第265天。那天读书笔记的最后一个问题记录的刚好是如何夸人最真诚。有个朋友给我留言，贴了三个竖大拇指的手势，表示对我的赞许，又留言三个字"夸夸你"。我回复他说这种夸奖不算真诚。他问我怎么算是真诚，我说往细节里夸，他思考片刻，说"你如此勤奋，真的实在厉害"。我说这仍然算是虚夸，因为"勤奋"和"厉害"都是虚词。到底每天读书算勤奋，还是一个月读两三次算勤奋，这没有标准。到底是愿意读书就算厉害，哪怕蜻蜓点水般地读也算厉害，还是读书且有自己的思考算是厉害，这依然没有说清楚。他大悟，说"你每天都看书，还写读书笔记，笔记字数都百字以上，你真勤奋"。看书和读书笔记都是在论证他的关于"勤奋"的观点。他最后总结说"学习了,夸人要具体化"。

赞赏这件事也是"来而不往非礼也"。他夸完我之后,就给我"秀"了一下他的毛笔字,毛笔字写的仍然是夸我的内容——腹有诗书气自华。我选择跳出对我的赞赏,转而赞赏他。我说"'诗'字写得真好"。夸时不能直接夸"你写得真好",要夸哪个字写得好,哪个笔画写得好,这表示我有认真欣赏他写的字,传递着真诚的赞赏。

很多老师都经历过辅导自己家孩子学写字的鸡飞狗跳的时光。刚开始,大人坐在孩子身后挑毛病,这个笔画写得不行,那个字写得不好,要么擦掉重写,要么撕掉重来。小朋友一边哭一边写,压力甚大;大人也觉得自己要得心脏病了,一边责备孩子笨,一边继续指导。后来,大人改用赞赏的方式辅导孩子写作业。孩子先独立写作业,写完之后,大人让孩子自己来判断哪个笔画、哪个字写得好(孩子基本都能准确判断,如果判断不准确,大人适当干预、引导),然后大人再引导孩子判断哪个字需要修改。一片祥和中,孩子的字修订完毕,写字技巧也慢慢掌握了。这就是赞赏比责备有效。所以先选择赞赏孩子,再选择赞赏孩子的细节(关注写得好的笔画和字),进而引导孩子的写字行为和动机。

可能很多老师还会为如何探寻赞赏细节而纠结,我参照罗伯特·迪尔茨的思维逻辑层次[1],结合赞赏动作的可行性,建构了赞赏金字塔模型。赞赏金字塔模型从下到上、由低到高依次如下:

层次一,赞赏学生的行为(学生具体的行为和反应);

层次二,赞赏学生的能力(学生的能力以及所采取的途径);

---

[1] 思维逻辑层次是神经语言程序学重要的理论基础,是指人类所体验的各种要素之间的等级层次关系,它们由低到高,依次为环境、行为、能力、价值观、身份、愿景。人在高层次上发生的改变,必然向下"辐射",从而在低层次上产生相应的改变。

层次三，赞赏学生的价值观（学生的立场和假设）；

层次四，赞赏学生的身份（学生的自我意识和角色定位）。

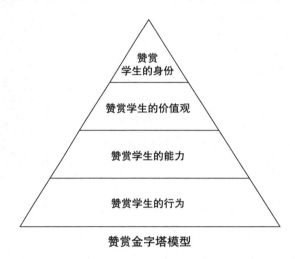

赞赏金字塔模型

赞赏学生的行为处于赞赏金字塔的第一层。行为重点指学生具体的行为和反应。赞赏学生的能力处于赞赏金字塔第二层，能力重点指学生能够做什么以及如何做。赞赏学生的价值观处于赞赏金字塔第三层，价值观主要指学生的立场和假设，可以回答他为什么塑造自己某种能力或采取某种行为。赞赏金字塔的顶层是赞赏学生的身份，身份指的是学生对自己的角色定位，回答学生如何看待自己以及"我是谁"这个问题。

赞赏金字塔层层递进，越往顶层走，越能撼动学生的内心。显而易见，与赞赏学生的行为相比，赞赏学生的身份或价值观对学生的驱动力更大一些。后者有助于学生建立独立的自我意识，使学生可以明确自己是具备何种能力、何种价值观，并选择采取何种行为、融入何种身份的人，并因此进一步优化自己的行为、能力、价值观和身份，做一个可以选择并塑造自己的主人翁。虽然驱动力强度有别，但只要有驱动力，就不会轻易放弃。

04　赞赏学生的行为

行为一般都是外显的、可见的。从行为主义心理学的观点来看，关注学生的良性行为并对其进行赞赏，将有助于这种行为的再现。但其中的难点有二：一是辨别学生的良性行为；二是对学生的良性行为进行客观描述。

先列举几个赞赏行为的例子。

（1）赞赏学生的奉献行为。

"这次班级合唱比赛，你负责租借服装，我发现有几个同学衣服尺码不合适，你来回跑了两次调换尺码，真是辛苦，我都心疼你了。"

"上次开家长会，我发现你提前到教室准备好了多媒体和热水，结束后你又主动留下来打扫教室，真是有心了，有你这样的学生，我很自豪！"

（2）赞赏学生的学习行为。

"昨天，我看到你在图书馆读一本英语绘本，没好意思打扰你，认真的样子挺让我感动的。"

"今天上课的时候，你一直盯着我看，也有两次主动回应我的问题，看你投入课堂，我很开心，上课都觉得有劲了。"

"我发现你在做数学题时，会用笔圈画出关键词，这真是一个超赞的做题习惯，因为这样既能提高速度又可以提高正确率。真好！"

（3）赞赏学生的守纪行为。

"这次老师去市里参加公开课的比赛，我听代课老师说大家上课都很认真，也按时完成作业，老师真心谢谢你们，让我感觉很安心。"

"今天在校园里,我看到你把掉在地上的碎纸屑捡起来扔到垃圾桶了,你真是爱护校园环境的学生,老师很骄傲。"

(4) 赞赏学生的努力行为。

"这次考试你拿到了 98 分,我相信你像大家说的一样,很聪明,但是,我也看到你是一个特别勤奋努力的人,每次上课你都认真听,下课你会仔细订正复习题。你没有因为自己聪明而选择懈怠,这种努力的精神值得大家学习!"

"虽然这次数学考试你没及格,但是成绩从 30 分提到了 50 分,我看到你上课比以前认真,下课也问同学不懂的问题,我看到了你的努力,老师相信会越来越好的。"

(5) 赞赏学生的坚持行为。

"听你舍友说,你每周都会跑四五个十公里,虽然跑步很平常,但是像你这样坚持跑却非常难得,你的坚持让老师很佩服呢!"

根据以上赞赏案例,我们可以总结出赞赏行为公式:

描述学生的行为表现 + 表达你的感受

中国人大多比较内敛,一般听到热情洋溢的赞美会觉得不好意思,讲出热情洋溢的赞美之词也会觉得不好意思。我相信有很多老师尽管明白赞美的作用,但是一想到要面对学生说出类似于"太热心了""太善良了""太努力了""太愿意吃苦了"这样的话,还是会觉得说不出口。所以,我认为不必强己所难,也不必让学生羞涩,简单地描述你看到的一切就好。把你看到的学生行为描述一遍,对学生来讲就已经算是夸奖了,他定会感觉满足、开心。这时候,再配合一些你真实的内心感受——欣慰、幸福、放松、舒服……

你与学生关系越好,你的感受对学生来说越重要。当学生意识到自己的行为对自己心爱的老师如此重要的时候,他也愿意多付出一些。当然,这本身是一种循环,你越能看到学生的良性行为,并及时、精准地表达出来,就越能够得到学生的珍惜，他越愿意为了你的感受而负责。

也许有老师会反驳我，觉得自己的学生才不会在意老师的感受，他们都恨不得变着法子惹老师生气。我只想说，那不是学生不够好，是你一开始没有主动建立好关系。我始终有一个信条：任何问题，只有当有人愿意为它主动承担责任的时候，才能够得到解决。所以，我们需要主动去做调和关系的责任人，先从自我做起，为关系负责。我们不仅在知识的海洋里是学生的领路人，在为人处世上、在世界观上、在人生领悟上，我们都是领路人。我们需要修炼自己，成全学生！

接下来就是考考你的时刻，回想你观察到的某位学生的某些积极行为，如果他现在正站在你面前，你如何夸奖他？

我很尊敬的一位老师常说，"看见即慈悲，回应即修为"。学生都有被看见的需要，有被关注的需要。说来也很有意思，不仅仅是做出积极、有效行为的学生渴望被人（老师、长辈）看见，那些平时被定义为"坏孩子""捣蛋孩子"的学生，他们行动的出发点也常常是为了被看见。

学生怎么判定自己是否被看见呢？取决于老师对学生的积极行为是否有所回应。老师需要让学生感知到自己被看见了，而且是看见了自己美好的一面。这种赞赏的回应方式是老师的修为方式之一。赞赏的意义是聚焦学生积极的行为表现，哪怕是偶然发生的，用语言描述其行为，满足其被关注的需要。

赞赏学生行为需注意：

（1）行为描述要客观且具有画面感。这种描述能引起学生回忆当时行为的情境和感受。

（2）赞赏平日少言寡语、问题行为较多的学生。他们是老师正面关注所忽视的学生群体，但他们被关注的需要却很强烈，老师要多寻找并表达对他们积极行为的赞赏。

05　赞赏学生的能力

学生常想去做某件事情，但是却总是对自己的能力有所怀疑，或者说他们不相信自己有足够的能力去做好这件事，这时就需要老师帮助学生挖掘自己的能力和潜力。每个学生都是解决自己问题的专家，前提是他相信自己是有能力、有资源解决这个问题的。老师的赞赏就可以起到这个作用，帮助学生内观，找到并发展自己的优势能力，自主寻求问题解决的资源。

先列举几个赞赏学生能力的例子。

（1）赞赏学生的性格优势。

假设班长性格内向，平时不爱讲话，但每次来你办公室都随身带一个笔记本，仔细记录你所布置的任务，工作也做得细致到位，犯了错误也不推脱、悉心改正。相比之下，团支书性格开朗、外向，常在你面前叽叽喳喳说个不停，还爱讲笑话。两个班干部比起来，内向型班长属于弱势个体，常担心自己不如外向型团支书招你喜欢。这时候，你可以找一个单独与他相处的时机，对他说："我发现，每次我布置任务时，你都特别仔细地记录，还会认真反馈，有你帮我，真是我的福气。"

通常，内向型的学生相对弱势。越弱势的学生越缺乏安全感，越需要被认可。老师要先学会做雪中送炭的人，锦上添花才会更有意义。老师的话能让班长发现：即便他内向，但仍然有内向者的优势；即便他不爱讲话，但仍然能因他所做的一切被老师认可和欣赏。那么，他心里隐藏的担忧随即烟消云散。下一次，再看到团支书与你笑嘻嘻地沟通，他也不会焦虑自己的能力不被你看到，他的内心也会逐渐平和起来。

我特别强调找单独与他相处的时机，千万不要选团支书也在场的时候，因为外向型团支书很可能在这时候"抢戏"，如果团支书在这样的关键赞赏时刻抢占了话语权，你又不能很好地控制的话，那么你可能白费了力气。

（2）赞赏学生的情绪调节能力。

假设你遇到一个敏感多疑、情绪波动比较大，或特别爱生气，或总爱哭哭啼啼、没事就想家的住宿生。一般这样的学生都会让老师头疼，他的小情绪虽然暂时不会出什么大事，但是也可能搞得班里乌烟瘴气。大多数老师对这样的学生会有些无奈，有时候会批评学生说："这么点小事，你至于这么生气吗？！"或者说"别人都不想家，怎么就你老想家？！"可是，有经验的老师都知道，这些责备口气的批评对这样的学生一点用都没有，他反而会觉得你不理解他，甚至认为你不是一个可以信任的老师。尝试用夸奖的方式表达一次：

"我发现，你像所有青春期的孩子一样，情绪容易波动，经常心情不好，但是，我又发现你能很快地调节自己的情绪，快乐起来。我很好奇，你是怎么做到的呢？"

当学生通过回忆想起来，每次他心情不好，都是去篮球场上打篮球，一身臭汗后洗个热水澡，吃饱饱的饭，沉沉地睡一觉，就好了。你要及时地跟进，说："那真是太好了，你看这样行不行？下一次，咱们班开情绪调节主题班会，你来给大家做一个五分钟的分享。"

"我发现，你像所有青春期的孩子一样"这句话是缓解学生焦虑的。对学生而言，当我们要指出他的问题时，他大多会不安并本能地抗拒。如果我们给他定义成普遍状态（青春期的孩子常有的状态），学生就会放松，觉得自己的问题可以被接纳，他的自我防御心态也就会降低。

"经常心情不好，但是，我又发现你能很快地调节自己的情绪"这句话肯定了学生的能力。虽然学生经常会心情不好，但是他总有心情好、开心的时候,至于他由不开心到开心的距离到底有多远,到底用了多少方法、花费了多少时间都不重要,重要的是他具有调节情绪的能力。

"我很好奇,你是怎么做到的呢?"这句话是引发学生回忆有效调节情绪的方法。实际上,调节情绪的方法无非那几条:睡觉、运动后洗个澡、吃甜食、看电影、听音乐、与朋友倾诉、大哭、正念……但是,如果你推荐其中一个方法给学生,他会找出一百个理由向你证明这个方法他尝试过,但是不好用。从教练技术[①]的角度出发,如果我们给学生提建议,那就好像我们是学生问题的解决者。然而,学生的问题和困扰属于他自己这个独立的个体,所以,学生才是解决自己问题的专家。你只要提醒他,他拥有解决自己问题的能力和资源,剩下的由他自己找到答案。

"那真是太好了,你看这样行不行?下一次,咱们班开情绪调节主题班会,你来给大家做一个五分钟的分享。"这句话以征求学生意见为先,不是强迫性的命令。这实际上是对学生情绪调节能力的一种认可,同时帮他树立一个"情绪调节大使"的形象,一旦有了这个形象和任务,他就更相信自己有调节情绪的能力。哪怕学生最后否定了你的提议,拒绝了你的请求,都没有关系。他可能还没有准备好当众演讲,也可能还要再琢磨调节情绪的方法,但是至少他已经知道:在老师眼里,我的小情绪可以被接纳,而且我有能力跨越情绪的鸿沟。

教育是什么?教育最主要的任务是激发,激发起学生的信心和力量。如果这样的赞赏可以达到这样的效果,我们为什么不去试试呢?

(3)赞赏学生的观察能力。

假设上课的时候有个学生在偷偷画漫画恶搞你,被你发现了。老师,先别着急生气,坏事情有时候可以变成好事情。前提是我们先接纳学生的优点,你越接纳他,他越愿意配合。你可以说:

"你画的这幅漫画还真挺像我呢!你观察能力真强,连我脸上的这个小痦子都画出来了。我还挺喜欢这幅漫画的,送给我吧!回头找时

---

① 一种短期心理治疗的方法,有兴趣的老师推荐阅读《唤醒沉睡的天才》《被赋能的高效对话》。

间，你给咱们班同学画个集体漫画，咱们把它设计成明信片，当毕业礼物送给大家，你觉得怎么样？不过，以后不要在上课的时候画了，下课再画，你说呢？"

如果你看到恶搞漫画，就气急败坏，那你就中了学生的圈套了，他的目的就是激怒你。可是，如果你不生气，就好像他一拳打在棉花上，没有回应，也就没有意思了。

可能有老师会说，学生这么调皮，难道就不应该惩罚吗？惩罚大多都是老师无助的体现，因为搞不定学生，所以就拿手里的权力去威胁和控制学生。惩罚不会获得学生真正的尊重，反之，他还有可能想更加恶劣地报复你。不如，先给学生一个台阶，再慢慢修正他。

"你画的这幅漫画还真挺像我呢！你观察能力真强，连我脸上的这个小痦子都画出来了。"没有生气，跟学生心里所猜测的你的反应造成反差。学生一边诧异，一边觉得不好意思。初听到你夸他观察能力强，他心里还在嘀咕你是真的欣赏他，还是在讽刺他。

"我还挺喜欢这幅漫画的，送给我吧！回头找时间，你给咱们班同学画个集体漫画，咱们把它设计成明信片，当毕业礼物送给大家，你觉得怎么样？"首先表达喜欢漫画，再要求把漫画送给自己，这是"一箭双雕"的方法。第一，让学生觉得你是真喜欢这个漫画；第二，把恶搞漫画拿到自己手里以防传播出去。不过接下来，你要给学生赋能！既然学生观察能力强，又能随手画几笔，就给他为班级画卡通照的任务。伴随大家的期待，他也许会细致观察每一个人，也或许同学会调侃他画得不像……设想下那些画面，还觉得挺温馨的。

"不过，以后不要在上课的时候画了，下课再画，你说呢？"用问句的方式引出规则，既支持学生画漫画又不支持学生上课画，同时，尊重学生，不让学生难堪。要记住，学生心情好、感觉舒适，他才可能行为端正。

不吼不叫，也可以当个好老师。

我们现在总结一下赞赏学生能力的公式吧：

描述学生的行为表现 + 提炼学生行为表现中所体现的某种能力 + 表达老师的感受

接下来就是考考你的时刻，回想你观察到的某位学生表现出来的某种能力，如果他现在正站在你面前，你如何夸奖他？

学生能力千千万，就看你能不能够看得见！老师们需要改变"以成绩论英雄"的观念。虽然理论上，很多老师都知道"成绩不是衡量学生的唯一标准"，但是实际上，老师还是喜欢那些上课认真听、作业认真做、考试成绩佳、凡事都听话、规则意识强的学生，除了这些学生，其他学生很难进入"老师喜欢的学生"行列。这种自动归类的方式，哪怕老师不明说，学生也能感觉得到。没有人喜欢不喜欢自己的人，学生自然也不会对你客气，恶性循环逐渐加码，最开始你只是没把他归入"老师喜欢的学生"行列，后来，你可能就把他归入"老师不喜欢的学生"行列。

事实上，每个学生——哪怕再差的学生，都有一颗追求卓越的心。虽然在学业上他可能暂时没有成就感，但是他会想办法在其他方面追求卓越。哪怕学生选择打架、网络游戏，都是因为在他们所建构的世界里，他可以成为"英雄"，那也是他追求卓越的心。老师的任务是发现学生追求卓越的心，并把他在一种领域下追求卓越的能力迁移到另一种领域中，不断迁移，不断扩大疆域，学生会越来越强大。

很多学生被负性评价困住了手脚，他们不相信自己具有克服困难的能力，也不相信自己有达到卓越的可能。越是这种情况，越需要老师站出来帮学生认识到他的能力，协助他挖掘自己的潜力，当然，前提是老师要学会赞赏他的能力。

此外，老师的感受也要表达得多元一些，有些老师除了"开心""快乐"就不知道还能表达什么了。"要不，先帮我签个名！我逢人就说，你是我的亲学生！""如果是我，我可能做不到呢！你是怎么做到的，快教教我！"……这些都是感受的变式。

06 赞赏学生的价值观

价值观是人的一种内心尺度，是人用于区别好坏、分辨是非及其重要性的心理倾向体系。价值观支配着人的行为、态度、观察、信念、理解等，是推动并指引一个人采取决定和行动的原则、标准。具有不同价值观的人会产生不同的态度和行为。每个人都有选择自己价值观的权利，如果一个人的价值观是建立在牺牲他人利益或他人的痛苦之上，这个价值观就危险了。老师要发现学生的价值观，尤其是那些有助于学生积极行为发展的价值观，并及时给予赞赏，帮助学生树立正确的价值观。

先列举几个赞赏价值观的例子。

（1）赞赏学生的合作精神。

假设你带的学生团队参加篮球比赛，成功进入复赛，却没有进入决赛。学生很沮丧，彼此之间有一些小小的、还未完全爆发的相互指责和抱怨。此时，在分析失利原因、总结比赛经验之前，应夸学生的合作：

"很遗憾，这次我们止步于决赛，你们的失落都写在脸上，我看到了。我跟大家一样感觉很遗憾。但是，我又很开心，因为在比赛中，我看到你们相互鼓励。阿标有些紧张的时候，大家都在大喊'加油'，悠悠丢球的时候，你们过去拍他的肩，跟他说'没关系'。我也看到你们相互配合，小华一个眼神，你们就知道他要采取什么打法，衔接非常流畅。我还看到你们相互关心，阿标摔倒的时候，你们赶紧过去确定一下他的状态。还有你们相互理解，替补队员一直毫无怨言地在旁边热身，随时准备在需要的时候上场。这次比赛虽然输了，但是赛场上的你们是老师的骄傲,有没有奖牌已经不重要,重要的是我们是最团结的队伍,团结就是力量!"

"很遗憾,这次我们止步于决赛,你们的失落都写在脸上,我看到了。我跟大家一样感觉很遗憾。"这两句话的表达方式是:描述现状(止步于决赛、失落的脸色)+ 表达同理心(跟大家一样感觉很遗憾)。描述现状是第一步,客观地表达老师所看到的,本身就是对学生状态的一种理解,而非对他们针锋相对的"小火苗"的气愤。第二步表达同理心,当你说与大家一样感到遗憾的时候,学生会自觉地把注意力转移到你这里,想听一听你对这个失败局面的看法。

"但是,我又很开心,因为在比赛中,我看到了你们的相互鼓励……相互配合……相互关心……相互理解……。"话锋一转,由"遗憾"转到"开心",出乎学生意料,他们会好奇老师会怎么讲。于是,老师举例说明自己看到他们之间合作的状况。特别强调,一定是老师在学生比赛的时候有注意观察,在这个环节才能够举例说明,把所看到的学生之间的互动表达出来,同时冠以"鼓励、配合、关心、理解"这样的评价,学生会更相信老师的真诚,也更相信老师说的是事实,同时,这种带举例说明的赞赏方式能够帮助学生提取比赛期间彼此合作的具体细节,既能够唤醒学生对团队成员的信任,又能够唤醒学生的责任感。

"这次比赛虽然输了,但是赛场上的你们是老师的骄傲,有没有奖牌已经不重要,重要的是我们是最团结的队伍,团结就是力量!"重新聚焦到老师的感觉上——虽败犹荣。当老师不计较比赛成败,更在意学生之间的团结,并以学生团队为骄傲的时候,学生也会逐渐端正立场。

坦白说,很多老师可能担心自己处理不好学生比赛失败之后的暴躁情绪。我倒觉得是老师很难处理自己的失落。当老师太在乎输赢的时候,就会把这种功利心传递给学生,结果的确会让场面失控。所以,需要老师先保持平常心。当你在球场边观战的时候,你要在乎的不是场上的比分,而是注意观察学生之间的合作表现。一旦你把这些熟记于心,那无论比赛输赢,只要你以举例说明的方式表达你对学生团队合作精神的赞赏，他们都会反过来为有你这样的老师而骄傲。

老师夸完之后，学生之间的气氛会缓和下来，接下来，你要鼓励学生感谢在这场比赛中想感谢的人。感谢是赞赏的另一种形式。通过感谢给学生契机回顾比赛的过程、认可自己的队友。

之后，才是对战略、战术的总结和分析。总的来说，通过赞赏，先解决了学生失败的情绪，再解决学生篮球技能层面的问题。这种"先情绪后事件"的处理方式也是心理学应用的典型模式，也请老师熟记于心，按图索骥。

（2）赞赏学生的耐心。

"谢谢你愿意等我。你是一个很有耐心的人。你来找我，刚好赶上我手边有要紧的事处理，你没有烦躁，拿了本书在这儿边看边等我，你的耐心让我踏实，谢谢你。我现在忙好了，我们聊聊吧。"

（3）赞赏学生的守时精神。

"说好今天五点半训练运动会团体操，五点二十的时候，大家就都到齐了，你们这种尊重彼此时间的守时精神让我感动，谢谢你们！"

（4）赞赏学生的正直。

"这次考试，你考了98分，我很为你的进步高兴，但是在给你颁发奖状前，你来告诉我，这次考试之所以考得好，是因为你在考试的时候偷偷携带小抄。你主动要求撤掉给你的奖励。虽然考试作弊是大忌，但是你能够诚实、正直地站出来告诉老师事实，老师非常开心。同时，老师也看到了，你想考个好成绩的愿望，我们今天来讨论一下，怎么才能帮你提高成绩，好吗？"

（5）赞赏学生的责任感。

"今天你身体不舒服，有点发烧，但是你还是坚持按照约定的时间参加了班级的吟诵录音任务，你说这是代表班级的比赛，不能缺席。这是你的责任心，为你点赞。我真为你骄傲。"

我们现在总结一下赞赏学生价值观的公式：

描述学生的行为表现 + 总结学生行为中反映的价值观 + 表达老师的感受

接下来就是考考你的时刻，回想你观察到某位学生的某种价值观体现，如果他现在正站在你面前，你如何夸奖他？

价值观的提炼不是一项简单的工作，需要老师多费点脑细胞，虽然辛苦，但是值得！

与能力相比，价值观又上升了一个层次。价值观是人选择行为的准则。学生因为心中存有"乐于助人"的价值观念，所以他才会选择帮同学一遍又一遍换服装号码的奉献行为；学生因为心中存有"正直"的价值观念，所以他才会选择主动汇报自己的作弊行为；学生因为心中存有"保持健康"的价值观念，所以他才会选择跑步瘦身的坚持行为。

进一步来说，如果学生心中存有"独立"的价值观，他遇事就会选择独立解决的方式，并进一步探索独立解决问题的能力。以做数学题为例，"独立"的学生希望自己解出答案，就不会在遇到困难时首先求助老师或其他同学，而是先自己查书、查笔记、找解题思路。哪怕最后自己没有独立解答问题，他在求助老师或其他同学时，也希望得到启发性指导，而不是直接给答案，他更希望自己能独立思考，这会有助于他提升解决同类问题的能力。也就是说，具备"独立"价值观念的学生，他的目标并不在于问题解决，而在于在问题解决中提升能力，他更看重自己的成长。

因此，赞赏学生的价值观，实际上是超越了学生的行为和能力层次的一种相对宏观的认识，驱动力更强大了一层。如果老师多注意观察学生的价值观，并非只是简单赞赏学生的行为和能力，对学生的指导意义则更大，能使学生学会从价值观的高度要求自己、评价自己。还是以"独立"价值观为例，"独立"的学生会自己收拾房间、自己注重个人卫生，长大之后也会较早选择兼职、一个人居住，等等。总之，我们最终要强化的不是学生的某种行为，而是强化学生的某种价值观念。比如，如果他具有坚持精神，那他既可以坚持跑步，也可以坚持读书；如果他具有合作精神，那他既可以与现在的团队合作，也可以与未来的团队合作。锚定学生所具有的价值观念，寻找支持证据，用优势特点来形容，然后表达老师感受，一气呵成。

我们必须承认，一个人的价值观对其行为的引领并非全都是正向效果。"独立"的学生可能很少与他人合作，与人同行也会觉得是一种打扰。老师赞赏中对行为的描述就显得格外重要，要选择那些亲社会的、利于学生能力成长的行为。从另一个角度而言，这也有助于培养学生的社会情感。

07　赞赏学生的身份

身份，是人的意识形态，代表你是谁、你是什么样的人，是一个人对自己的角色和使命的定位。一般来说，价值观回答了"为什么"的问题，而身份则在更高一级的层次上回答了"我是谁"的问题。

从成人发展的理论来看，对"我是谁"这个问题的回答是一个人区别于他人和群体的标志。身份在心理层面可起到自我调节作用，如果一个人希望达成更高的心智模式，主动寻求转变自己的身份是一种非常好的修炼途径。先说说我自己的故事。

从高中开始，我有了稳定的零花钱。也是从那时起，我成为学校门口书店的常客。后来，每个月我都会买书、读书，在QQ空间里写荐书笔记。很多认识我的人都认为我是一个爱读书的人，我自己也认为自己是一个爱读书的人。但是，回头去看，那时候，我只不过是比一般人爱读书，我一个月读一本书就能超过大部分人，而我也就甘于现状。直到有一天，我心血来潮在朋友圈打卡写每天的读书笔记，连续打卡不到一个月就开始受到越来越多的关注，很多人要我推荐书单，也有人问我读书方法，还有人好奇我的读书速度……我发现我从一个爱读书的人变成了一个读书人（身份），我不仅爱读书，还总去书店逛逛、给家里的书架更新书（行为），还愿意付出读书的时间（行为），还具备读书的能力（认知层次、心境等），还会选择自己想读或需要读的书（价值观），还深信通过读书可以让我有更深的觉察和做事的能力（价值观）。

我的故事说明，一个人对自己身份的认同和转化，对他的行为、能力和价值观的塑造都有决定性的作用。

身份这个层次决定了学生如何保持自己最深的承诺，对于自己是谁和自己所思、所想、所行的承诺，有助于学生发生持久的改变。在赞赏学生时，常提升到身份层次去认可他，他也会以这个身份去要求自己的行为、打造自己的能力、践行自己的价值观。

先看几个赞赏学生身份的案例。

（1）赞赏学生是个运动达人。

"你就是传说中的运动达人吧？（身份）运动就是你的生活方式，是吗？（价值观）跑完五公里，一般人都累趴下了，我看你还能做半小时的核心训练。（行为和能力）每周都坚持这样，怪不得你的身材能保持得这么好，看上去也非常健康。（效果）我要向你学习！"

（2）赞赏学生是个助人者。

"我发现你就是大家的哆啦A梦。（身份）很多同学遇到困难时，都能够看到你的身影。（行为）你是喜欢帮助大家的，对吧？（价值观）李尚参加演讲比赛，你帮他对稿；媛媛英语挂科，你帮她补课；男生篮球比赛，你帮他们看衣服、准备水。（行为和能力）哪里有需要，哪里有你，我替大家谢谢你！"

（3）赞赏学生是个勇者。

"你是一个有勇气的人。（身份）遇到事情，你的原则就是主动负责，是吗？（价值观）犯了错误能主动承认是勇气；克服自己口语的弱势，去英语角练习口语是勇气；老师上课讲错了，你能够指出来也是勇气。（行为和能力）因为有勇气为你的行动加持，你变得越来越有魅力了！"

根据案例，我们提取赞赏学生身份的公式：

描述学生的身份 + 描述与学生身份相匹配的价值观 + 描述佐证学生身

份和价值观的学生行为表现 + 描述学生行为中所体现出的能力 + 描述老师的感受

接下来就是考考你的时刻，任意写下一位同学的名字，如果他现在正站在你面前，你如何从身份的维度夸奖他？

从某种程度上来说，赞赏学生的身份，相当于给学生贴了一个积极的标签。老师们对"贴标签"非常熟悉，只不过平时大多贴的是负性标签，如"叛逆的学生""不写作业的学生""家长不配合的学生""难搞定的学生"等。现在是换个角度，重新贴标签。

老师贴负性标签多是因为混淆了学生的身份和行为。就比如学生只是没有交昨天的作业（行为），你就评论他是一个"不写作业的学生"，这是在身份层面（高层次）对学生行为层面（低层次）的描述，这种以行为评判身份的做法是不可取的。

不过，就算积极的标签，也要贴得慎重。也就是说，你对学生身份的赞赏来自你的细致观察，不是你希望他变成一个什么样的人，你就去给他贴一个什么样的标签，那这个标签就变成了控制学生的方式。学生不傻，当贴上一个不属于他自己的标签时，哪怕是赞赏，他也不喜欢。每个人都有追求真实的权利，这就需要老师了解学生对自己身份的认同点，继而在这个身份下探寻他所做出的积极行为、相关能力和有利的价值观去佐证他的身份，从而进一步深化学生对自己身份的认同或者转化。

有时候，就算你经过仔细观察，确定了学生的某一种身份，但是，有可能学生属于"冒充者综合征患者"，处于自我怀疑的心态。举个例子，学生屡次参加演讲比赛都拿奖，台风、语言表达能力都非常好，演讲稿也很有深度，当你肯定学生作为一个"小小演说家"身份的时候，学生可能拒绝接受，因为他把自己所获得的成就归因于运气，他并不承认自己的能力和行动力。此时，如果你还要坚持赞赏他"小小演说家"的身份，学生会觉得你并不是一个真正理解他的老师，反而会反感。所以，在第一次赞赏学生的某种身份时，以疑问的口气表达："你就是传说中的运动达人吧？（身份）运动就是你的生活方式，是吗？（价值观）"根据学生的回应选择你接下来的赞赏方式。假如学生真的对这两个问题都持有明显的、非谦虚性的、恐慌性的否认态度，你就要放弃身份层级的赞赏，而仅仅赞赏他的努力行为和外在表现就可以。

大部分老师如果找学生的缺点，像嗑瓜子一样容易，但是如果找学生的优点就比较难。但我们也不能知难而退，可以慢慢练习，只要不放弃，总有一天这些赞赏的话可以脱口而出。

细心的老师会发现，赞赏的关键点在于寻找"形容词"去形容学生的行为、能力、价值观和身份。这需要老师们平时多注意、多练习使用这些"形容词"。我不建议老师夸学生"聪明"，"聪明"这个词带有先天的意味，会让一些学生放弃努力的行为。我也不建议老师夸学生"真棒"，"真棒"这个词太虚无、太含糊。含糊的"真棒""聪明""好""不错"等都不是鼓励学生的方式。如果学生把她的摄影作品给你看，你可以对她说："我发现，你真的很喜欢拍风景。你能跟我说说你是怎么构图的吗？"这种启发性的提问既表达了老师对学生的关注和好奇，又会进一步打开与学生交谈并一起学习的大门。

08　赞赏学生时的注意事项

1. 赞赏的形式可多元化

本节所描述的赞赏方式，几乎都属于口头赞赏。事实是，有些学生很羞涩，并不习惯这种面对面的、直白的赞赏，那么怎么办呢？你可以选择手写赞赏信给他，或者通过第三方赞赏来实现。

（1）手写赞赏信。

一位中职的班主任做了一件令人感动的事情。学生入学后的第一个寒假，她每晚趁孩子睡着之后爬起来写信。那是一封写给全班同学的、长长的信。她呼唤着每个学生的爱称，描述他这一学期的变化，赞赏他，表达学生给她的惊喜以及她和学生在一起面对未来难题的决心。那封信她写了七个晚上。能想象学生读到那封公开信时的惊讶与欢喜吗？每个学生寻找着自己的名字，先是欢喜，后是眼眶湿润；每个学生又寻找着其他学生的成长，感慨而后学习；每个学生都在自己和其他学生身上看到成长的力量和未来成长的可能；每个学生都跟亲密的家人慨叹：我遇到了一个天使一样的老师，她能看到我们每个学生身上的光！

就是这种心中有爱、眼中有光的老师才能创造教育的奇迹。虽然这封信写得很艰难，需要她绞尽脑汁，也需要她注意措辞，但是我也相信，未来两年半，她的工作量会因为这一封信至少减少 60%。中职学生大多是被忽视的群体，初中的老师不喜欢，家里的父母觉得孩子不争气，孩子们所受的关注和关切太少了。突然有这样一位班主任，认真地观察了他们一学期，仔细地记录他们的每一个故事，为他们的每一个进步而欣喜，学生们怎么能不动容？一旦遇到这样的老师，大部分学生自然会主动调整自己的行为方式和态度。爱是相互的，她的爱会换来孩子更多的爱，彼此交融。

现在这个互联网时代，手写的赞赏和祝福显得更加珍贵。你是不是也跃跃欲试，想亲笔写一封信或者小卡片，送给你心中正在惦念的那个学生呢？那就别犹豫，马上行动吧！

还可以试试这个活动：老师给班里每一个同学分别写一张赞赏小卡片，装到一个"宝盒"里，由每个学生抽取一张。随后，每个学生朗读自己所抽到的卡片，并再附加表达自己对这个同学的赞赏。如果哪位同学刚好抽到自己的卡片，那就由他任意选择一位同学或者老师进行赞赏。这是一个双赢策略，既表达了老师对学生的赞赏，帮助学生发觉自身的优势，增强学生的自信和自我控制感，还可以在愉悦的氛围中引导学生学会赞赏身边的其他同学。理想状态下，一旦班级形成相互赞赏的氛围，班级的凝聚力、自主管理力也会不期而至。

（2）第三方赞赏。

想象一下，如果你通过 A 知道 B 夸你，那感觉如何？是不是会相信那是真诚的赞赏？在你和 B 之间，A 就是第三方，通过第三方了解到的赞赏最让人信服，有些时候还能起到意想不到的效果。

学生家长是学生最重要的第三方。

回顾一下，你一般在什么时候跟学生家长联系？读到这里，作为教师的你是不是有些不好意思地笑了？因为你很清楚，你大多是在学生犯错误的时候联系家长。可是，明明家长把学生送到学校的时候对你说："老师，帮我们好好教育这孩子吧。"有些老师会说，很多家长不配合，打电话不接，让家长来学校谈一谈也不来。想想家长为什么这么不配合呢？自己做了什么让家长愿意配合的事情吗？

再者，很多父母本来对自己的孩子就是怀疑状态，总担心孩子在学校表现不好。老师的责任之一就是帮助学生调和亲子关系。

试试第三方赞赏吧！请你特地给学生家长打电话，可以说："我今天打电话是因为特别开心，小明同学今天参加了演讲比赛，在台上妙语连珠，我拍了两张照片一会儿传给你们。这孩子真是你们的骄傲。小明爸/妈，你们平时肯定也教了小明不少，谢谢你们给我们送来这么优秀的孩子。"

尝试给学生家长打电话，目的只是为了夸奖学生在学校的表现，同时感谢学生父母对学生的教育。仅此而已，不提其他。

挂断电话，家长第一件事想做什么？就是告诉孩子你是怎么夸他的，告诉孩子自己的诧异，甚至表达自己对孩子的误解。一旦突破口一开，父母和孩子的关系就开始缓和。而孩子从家长的嘴里知道老师为自己的小进步、小成就如此欣喜不已，他得多开心啊。学生开心了，老师也会幸福的！

我倡导，每个学校都开展"赞赏电话行"活动，每个学期老师都给自己的每一个学生的家长打至少一次这样的"赞赏电话"。尝试一下，看看你的班级会有什么不同！

2. 赞赏时不要额外提要求

不要做功利性的赞赏者。功利性的赞赏者习惯在每一次赞赏之后，提一个新的要求，要求学生更上一层楼。看起来好像没有什么问题，但是，你尝试回忆一下你曾经经历的事。比如，你有一次考试进步显著，从班级第三十名考到了第二十名，老师特别表扬了你，你也特别开心，可是老师话锋一转，问你"那你下次能不能考到前十名？"你当时是不是一下子怔住了？如果说能，你对自己还没有那么大信心；如果说不能，怕老师对自己失望，对不起老师的表扬；如果不回答就是不礼貌。最害怕的是自己鼓起勇气说能，最后却没做到，老师再反过来指责："当初你是怎么答应我的，你看看你现在考的，亏我当初还那么夸你，还那么信任你！"……

如果你一方面努力去接纳、赞赏你的学生，另一方面又努力纠正他们，不让他们做错事，看起来就好像有一些精神分裂。

你要学会做一个单纯的赞赏者。不再总去注意学生做错了什么，而是有意识地努力寻找学生做得好、表现出个人特色的地方，并对他们进行真诚的赞赏。赞赏只为表达对学生当下状态的肯定，仅此而已，而不是把赞赏当作砝码去要求学生，否则，我们会让学生感觉我们的赞赏只是为了提要求做准备。

"你做得很好，下次……""你今天表现得超级棒，明天能不能……"这种赞赏会引起学生的畏惧情绪。他已经知道，只要老师一夸他，就意味着肯定会接着提一些要求或者说些其他不好的事情。在这种情况下，你的赞赏就会缺乏鼓励力量。不要在你的微笑、赞赏和感激中掺杂任何别的东西，越单纯越美好。那些有益的提示、话到嘴边的批评、严格的要求另外找一个安静的时刻再说吧。学生会从你的榜样中学习到如何赞赏他人。

有老师想问：我称赞了学生，学生又犯错了，怎么办？

比如，有个早操常常迟到的学生，这周已经连续两天没有迟到了。那你就等今天跑操结束，把他留下来，对他说："我发现，这周连续两天你都准时到操场跑早操，坚持得不错哦，为你点赞！"夸奖完，就可以让学生离开了。学生可能并不适应，从来没有一个老师只是为了赞赏而跟他谈话的。学生可能会反问你："老师，还有什么别的事吗？""没有！老师就是很开心，表扬一下你这两天的坚持，回去吧！"这种意料之外的赞赏，会让学生内心美美的。

当然，如果你了解习惯的形成规律，你就知道学生由"早操总迟到"的习惯到"早操不迟到"的习惯之间有很长的跨度。绝对不会因为老师的几句赞赏，学生从此改头换面，那基本都是老师的"痴心妄想"。

有可能，本来这个学生第三天就没办法按时起床跑早操了，但是，因为你的赞赏他又坚持了一天。等到第四天的时候，这个学生没有按时来跑操，我建议你千万不要大发雷霆，认为自己之前对他的夸奖都白费了，表现得特别失望。你可以试试这样跟学生对话："我发现前三天你都坚持跑步了，对你来说，这是很大的进步，但是，我又发现，今天你迟到了五分钟。我很好奇，前三天，你是怎么做到让自己按时跑早操的呢？"这种方式没有责备、没有失望、没有生气，只是陈述事实，表达好奇。你的好奇一是推动了学生回忆如何才能按时跑早操，二是肯定并提醒学生他自身具备按时跑早操的能力。赞赏与提问完美结合，你的学生会自行选择合适的行为和习惯，千万别强迫学生。

有老师会提出疑问："天天给学生吹彩虹屁，就不能给他们提要求，更不能批评学生了吗？"当然不是，可以提要求，也可以批评学生，前提是有良好的师生关系。在形成良好师生关系的氛围中，赞赏与要求/批评的比例至少应该控制在 5:1 的比例。也就是说，你要赞赏学生 5 次，才可以批评或提要求 1 次。你可能觉得这样太困难了，没关系，多练习就好了，谁也不是天生的赞赏者。

3. 赞赏时善用正向语言

有一次给老师做培训时，我当堂做了一个小测验，看学员的赞赏水平如何。我要求他们现场夸一下我，结果第一排有个男老师很大声地说"你长得不难看！"全场老师都笑了，因为这句话很模糊，到底是我算好看，还是不好看，或者是勉强能看？这到底算不算夸奖？

双重否定等于肯定，从语法上来讲没有问题，但是给人的感受却大不同。当你说"你的英语发音不错"，这个"不错"可能是想表达发音非常纯正的意思，但是给人感觉却非常勉强。再比如，很多老师会跟学生讲，"放假在家，别总玩手机、看电视、打游戏"。你的意思学生们都懂，但是他听到的关键词是"玩手机、看电视、打游戏"，就仿佛你在提醒他去做那些事。从另一个角度来讲，我们只是告诉学生不要做什么，却没有告诉他们可以做什么。他们并不像我们所想象得那样善解人意，所以，尽量多用正向语言沟通，让他做什么，直接告诉他。

这其实是语言运用技巧的问题。老师赞赏学生时，尽量用正向的语言，如：

- 把"我发现你不爱发脾气"改成"我发现你性格很平和"；
- 把"你好像没有难过的时候"改成"你好像总是很开心"；
- 把"我布置任务的时候，你从来不推辞"改成"我布置任务的时候，你总是很快地去做"；

- 把"我批评你的时候,你没有找借口"改成"我批评你的时候,你能承认自己的错误并认真反思下次的做法";
- 把"你也不想当个不负责任的人"改成"你希望自己做一个负责任的人"。

对学生而言,正向的语言本身就是一种指引。

4. 不要重复赞赏同一个事情

这的确是需要注意的问题。老师的确是赞赏学生了,但是,从学生入学到学生毕业离校,赞赏的都是同一个事情、同一个能力。如果每一次都只听到同样的赞赏,学生会把它当成唠叨而觉得烦了。学生还有可能怀疑到底是自己真的没有什么其他值得赞赏的地方了,还是老师不愿意在自己身上多投入一些精力。坦白说,如果你愿意,赞赏可以张口就来,但是,"走心"的赞赏也需要你精心设计。

> 有位老师在美国访学时,帮我找到了一本关键的论文资料,纸质版179页,他一页一页帮我拍摄下来,打包发送给我。工作量非常庞大,我非常感激。我们并不是特别熟悉的关系,但是他肯愿意为我去寻找并拍摄,可见他的真诚和乐于助人。后来,我们两个多次遇见,却因为没有什么其他共同的话题,每次见面相互寒暄,我都是在感谢他那次对我的帮助。
>
> 刚开始,我表达感激和赞赏还显得真诚,两次以后,气氛就比较尴尬了。幸好我及时觉察,开始仔细观察他的其他方面:定期打羽毛球、身材管理好、每天照顾孩子,等等。之后我们的交流多了不少话题,我对他的赞赏也更丰富了。

通过这件事情,我发现,只有当我们愿意以积极的眼光去观察身边人的时候,我们才能够发现别人身上值得我们赞赏和感激的特质。这无疑是我们建立良好社会关系的"直通车"。

同理,老师需要有心!你要有心观察学生平常的表现,并且暗自记下来。如果你记性并不是很好，就记录在记事本里。俗话说，好记性不如烂笔头。哪怕你赞赏的是学生的同一个特质，但是也要用不同的事例举证，听起来既有新鲜感，也能够感觉到你满满的诚意。看起来有点麻烦，真正形成习惯之后，就变成自动反应了。

5. 别吝啬赞赏，多表达喜欢

与学生建立良好关系最行之有效的方式之一就是不断地肯定他们，着重强调他们的优秀品质和积极向上的一面。所以，多与学生对话，随时表达对学生的赞赏，增加他们轻松、愉悦、舒服的感受。尤其在一件事情结束时，真诚地肯定和赞赏学生，是一种有力量的收尾方法。

有老师可能会质疑，觉得学生身上都是缺点，想不吝啬赞赏，却无处可赞。客观地说，哪有一无是处的学生？只有挑剔的老师！哪怕学生身上85%是缺点，也请你学会关注那15%的优点。当你把85%的时间和精力都用来关注学生那15%的优点时，得到认可和鼓励的学生，缺点会渐渐变少。

赞赏的话讲多了之后，你也会受益。你试试看，在和一个让你生气的学生或者难缠的学生谈话之前，先对自己说一句"我喜欢他"，见到他之后先说一句"我喜欢你"，然后看看这是否会开始改善你和他之间的关系。

不要轻易否定学生的行为和表现，而是学会思考学生的行与思、言与做所带来的积极效果以及给你的感受，之后，你只需要表达出来就好。

记住：爱要大声说出来！

09　小结

要赞赏学生，老师的意愿是最关键的，包含三个环节。

- 老师愿意观察。悉心观察学生的各种特质和表现。
- 老师愿意表达。老师需要锻炼自己的口语表达能力，愿意赞赏学生与能够张开口赞赏学生之间还是存在着差距的，这需要刻意练习。
- 老师愿意掌握赞赏的方法。能观察、愿表达还不够，赞赏说不到点上也是徒劳。

请你想象一下，假设你的学生站在你面前，欣赏他的勇敢、认真、积极、善良，依照赞赏金字塔，逐层聚焦学生身上最出色的品质，快速而简单地挑选三点简短地表达出来。千万别忘了通过你的声音和语调等细微之处承载你对学生的欣赏。

从此刻起，你的新目标是，每天都至少找到一位学生身上两点你欣赏的地方，然后找个机会、选个形式对他进行赞赏。你不要过于在意学生是不是能够感受到你"一夜之间的变化"，但是，我相信你自己能够感受到，当你关注学生的小美好，你整个的教育观念都会被重新点亮。

希望这一章，你可以多读几遍。从赞赏自己的家人开始练习，慢慢你会发现自己游刃有余。赞赏没有那么难，只有愿意不愿意。

第三章

关爱学生

　　关爱,是指关心、爱护学生。被关爱是人一生的需要。没有爱,学生在学校里的生命就处于枯竭状态。当学生感觉不到被关爱时,他的精力就集中在寻求爱和关注这件事上,而不是集中在自我成长和发展上。

　　如果说接纳和赞赏是意识形态的,关爱就体现在行为形态上,是学生亲眼所见、亲身体验到的行为。想给予学生真正的接纳和赞赏,老师就要给予大量的关爱。

01　你关爱学生了吗？

被关爱是一个人的底层需求，但很多学生却很少被关爱，他们也从来不曾学会如何关爱自己。我无意追究学生的爱为何如此匮乏，也无意责备他们的父母或是之前的老师。我只希望把当下当作起点，去给学生大量的关爱，让他们从老师身上学到关心、爱护和亲密的真正含义，并从此觉得安全。你愿意承担起关爱他们、教会他们关爱别人的责任吗？

每个学生都需要被关爱，每个老师都需要学会关爱。现在很流行"复盘"，你可以尝试每一天都问自己三个复盘问题：

（1）今天我向学生表达关爱了吗？

（2）明天，我将怎样向学生表达关爱？

（3）学生感觉到我对他们的关爱了吗？

你的回答是什么？在回答这三个问题的时候，我相信你也对以下两个问题产生了好奇：到底什么算是关爱？到底怎么关爱学生？

02　关注即关爱

当我问我的学生，老师怎样的关爱方式对他们有激励作用，有学生希望老师对自己严厉些，有学生希望老师能够温柔些，有学生甚至希望考试考不好的时候老师能多骂自己几句。我由此发现，虽然不同学生需要的关爱方式不同，但是他们有一个共同的底层逻辑，就是不能被忽视。有学生描述说，平时考试成绩不好，老师总会把自己单独叫出去批评一顿，但是有一次明明退步了好几名，老师居然没找自己，她说自己完全慌了，觉得老师肯定因为她"烂泥扶不上墙"，直接放弃她了。那种恐惧让她夜不能寐，上课也不能集中注意力，直到老师发现她的不正常状况后，单独找她谈话，她才缓过来一些。

关注即关爱，关注即赋能。关注背后的心理逻辑是高期望。高期望促发高度关注，高度关注促进学生成长。

1966年，美国心理学家罗森塔尔带着他的助手来到了一所乡村小学，他们对18个班进行了一次煞有介事的"智力测验"。测完之后，他并没有看测验结果，而是在名单中随机抽出20%的学生，并告诉老师说这些孩子在测验中得分很高，他们很有潜力，将来可能比其他学生更有出息。名单中有些学生在老师的预料之中，有些则不然，甚至是水平较差的学生。对此，罗森塔尔解释说："请注意，我讲的是他们的发展，而非现在的情况。"老师最终解除了疑虑，认定这20%的学生的确是可教之材。罗森塔尔反复叮嘱老师不要将这些学生的情况外传，只能老师自己知道。

8个月之后，罗森塔尔再次来到这所学校，对18个班进行了复测，结果发现他先前给老师的名单上的学生其成绩真的有了显著进步，而且情感健康，性格更为活泼开朗，好奇心、求知欲都很强，敢于在课堂上等公开场合发表意见，与老师的关系也特别融洽。

为什么会发生这样的奇迹？因为老师们相信了专家的结论，相信那些被指定的孩子有前途，于是对他们寄予了更高的期望、投入了更大的热情，比如经常以赞许的目光注视他们、给予充分的鼓励、上课提问他们、更有耐心地回答他们的问题等。另一方面，学生从老师对自己的重视、鼓励、爱护中，增强了自信心与自尊心，提升了对自身的期望，因而激发了强烈的学习动机，努力学习，奋发向上，成绩也就一步步地提高。

这就是心理学中著名的罗森塔尔效应，说明积极的期望使人向好的方向发展，而消极的期望使人向坏的方向发展。所以说，老师对学生的积极期待促发老师关注学生，进而促发学生提高自己的个人期待，最终提升学生的学业表现。这也再一次证明"因为关注，所以关爱"。

以前我总觉得去咖啡店看书的人就是矫情，那么乱的地方能读进去？

直到自己第一次在地铁上打开手机APP背英文单词；

直到自己第一次跟朋友在机场的书店翻开一本书；

直到自己第一次在朋友圈晒每日读书笔记……

我终于发现其中的道理：关注即赋能。

虽然地铁上都是陌生人，别人也不一定知道我打开的是什么APP，但是，只要我假想有一个人在关注我，我就会特别认真。这说明假想被关注也有意义，人嘛，恰当的自恋还是非常有意义的。

连我们成人都是如此，何况我们的学生？稍微细心一些，我们就可以给学生更多关注、更多关爱、更多能量。

- 有学生说，有次数学考试试卷发下来，自己盯着试卷的分数一筹莫展，正当深度怀疑自己的数学能力时，老师走过来一道题一道题地跟他一起分析试卷中的错误点，仔细询问并耐心为他讲解了他概念不清、公式模糊的地方。最后，老师拍了一下他的肩膀说："你看，数学一点都不差嘛，一点就透，你可以的。"他说他那天感觉老师就是天使，自己也重拾了对数学的信心。

● 有个调皮的男生回忆说，以前上课迟到就被政教处抓住，站在学校大门口，等着班主任去学校门口领他回教室。他说那天很冷，一起罚站的学生都已经被各自的班主任领回了，只有他一个人还在学校大门口瑟瑟发抖地等待着。他当时正梗着脖子想着出个什么坏招让班主任和政教处老师看看他的威力，谁知道班主任怀里抱着一件衣服，气喘吁吁地跑过来说："对不起，对不起，冻坏了吧，快穿上，我刚在教室里带早读，没听到叫我来接你，快穿上吧，暖和点。"他说在一瞬间，自己所有的怒气和想捣乱的心都没有了，原本以为老师会骂骂咧咧、满脸愁容地过来，没想到一副心疼自己、关爱自己的模样，他瞬间破防，乖乖地跟老师回到教室。他说那是他那学期第一次上课认真听讲。虽然后来自己学的是教育管理，发现老师的"气喘吁吁地跑过来""抱着衣服"，可能都是老师为了他而做的一场"表演"，是"管理"他的一种手段，但是他微微一笑，说："在那个时候，老师愿意为了我去表演一场，也是对我的爱啊！无论那天还是现在，我都很感激他，没有放弃我。"

● 还有个男生回忆说，有一次班级篮球对抗赛，自己一直是作为班里的主力球员首发上场，那次正在热身准备的时候，老师走过来问他上次脚腕受伤是否恢复了，如果还没完全恢复，要么先再养养，要么打球不要拼抢太激烈，老师说输赢不重要，重要的是大家玩得乐呵。这个男生感慨地说，脚腕受伤这事自己都不记得了，老师还记得。我问他还记不记得那场比赛的战绩，他说时间过去那么久，真不记得了，只记得老师询问自己脚腕受伤情况时的那个笑容。

看看这些曾被老师关爱过的学生，看看他们脸上洋溢的满足感和幸福感，真心觉得老师的心疼与关爱学生都是值得的。

当然，人无完人。没有几个学生是完美的，老师也要在内心建立合理的心理预期。不过有高期待，才能自然而然地关爱。老师需要记住，你关注什么就强化什么！所以关注的关键是：多看做得好的地方，少看做得不好的地方；多看学生需要的地方，少看学生捣乱的地方。

你的眼睛就是雕刻工具，它关注的方向决定了关爱的力量和赋能的多寡。

教育，不是拿个锤子到处找钉子，而是帮学生准备应对未来人生的工具箱。一个拥有工具箱的人，根本不用担心是否会使用锤子，眼睛里的钉子也没几个。

所以，不如想一想：如何表达对学生的关注？关注学生的哪些方面？

03　了解即关爱

廖一梅说："人这一生，遇到爱，遇到性，都不稀罕。稀罕的是遇到了解。"这一句就说明了"了解"的重要性。几乎每个学生都有一个期待被了解的隐藏的"我"。隐藏也不是空穴来风，多是因为不被了解、不被理解而自我保护的方式，一旦被了解、被理解，学生就会安全地把自己打开。

我曾经让学生分享他们感觉到被老师关爱的瞬间，明显可以感觉到学生之间的差异。

● 有学生说，初中的时候，生物成绩并不好，老师却让他做生物课代表，自己为了配得上生物课代表的称号，特别认真学习，后来才知道，那是老师关爱自己的方式。但也有学生说，自己政治成绩一塌糊涂，老师却偏偏让自己当政治课代表，故意让自己丢脸，还让很多想当课代表的同学对自己有意见。

● 有学生说，自己小学、初中很调皮，是老师最讨厌的那种孩子，到了中职，居然遇到了一个很欣赏自己的老师，没交作业先问自己是不是遇到什么困难，没上课先问是不是身体不舒服，搞得自己不好意思再调皮了。然而也有学生说，只要没上课，老师的电话就追过来了，只要没写作业，老师肯定要找自己谈话，所以，总是想方设法躲避老师的"追踪"。

● 有学生说，自己家境不好，老师有时候会叫他一起去食堂吃饭，还借口自己不喜欢吃鸡腿，把鸡腿都给他吃。学生说他知道那个鸡腿就是老师买给他的。然而也有学生说，自己家境不好不想让大家知道，可是老师居然还组织大家给他捐款,让他在大家面前抬不起头。

在这些案例中,我发现学生被触动的点与老师所给予的点,并不完全相符合,老师以为自己在关爱学生,学生却并不那么以为。我还发现,同样的事,不同的学生感受不同,有些学生感觉到被关爱,有些学生感觉到被嫌弃。可是,为什么学生遇到同样的事,感受到的关爱程度不一样呢?为什么同样是做课代表,有些学生感觉被关爱,有些学生感觉被侮辱?为什么同样是关注到了学生的家庭经济状况,但是学生却感觉到了不同的尊重水平?为什么同样是关注到了学生的情绪,但是学生的反应不同?

仔细揣摩学生说的话,就看到了其中的端倪,老师面对学生时的目标都是相同的,但沟通细节上有差异。我们一一来分析。

同样是安排学生当课代表,有些老师跟学生说"你现在是课代表了,是大家的榜样,如果你觉得哪儿不懂了,就及时问我,我们一起让大家刮目相看,你说好不好?"这是让课代表的责任驱动学生学习,但同时不让学生感觉到孤立无援的沟通方式。而有些老师同样是想驱动学生学习,却只给学生安个课代表的头衔,不教他当课代表的方法,更不给"可随时为他提供帮助"的安全感。可见,学生原本缺乏当课代表的胜任力,老师如何与他沟通让他当课代表的缘由、如何帮助他提高胜任力才是关键。

同样是逃课的学生,有些老师是以关心的姿态询问学生,这代表着老师并不是把学生认定为"坏学生",而是对学生保持着希望和期待,并传递出"我愿意陪伴你成长"的态度。而直接追踪、质疑、批评的老师也一样是想把学生拉回课堂,但是却把学生推得越来越远。

同样是家境不好的学生,有些老师不留痕迹地帮助,边呵护学生的自尊心,边帮学生寻找一些勤工俭学的机会,不让学生有太大的压力,还让学生知道他可以通过个人的努力来改变生活状况。而有些老师大张旗鼓地组织众人帮助学生,实则好心却办了坏事,因为有些孩子内心很害怕被别人瞧不起,或者担心亏欠他人而因此感到煎熬,有些孩子却觉得生而不平等,别人就应该接济自己。

归根结底，老师的初心都没差，只不过方式不同，结果不同。

如果你去问当事老师，每一个都会说自己是关爱学生的老师，可是学生的评价却不是如此。关键在于学生是否能够感受到老师的关爱，列举出老师关爱他的事实。也就是说，老师需要以能够被觉察的方式显示对学生的关爱。

如果去问当事老师是否觉察到某些自己关爱的学生却有些逆反情绪，他会说感觉到了，但是不知如何是好。明明很照顾学生，学生就是不领情，老师也很为难。所以，这就成了非常关键的课题：老师到底要怎么做，才算是关爱学生？老师关爱学生到底是从自己本心出发去关爱，还是应该基于学生的需求？关爱如何驱动学生成长？

老师总是想把自己认为最好的、最适合的给学生，但是不懂学生、不理解学生需求的关爱，最后很可能就成为一种伤害，还会引发学生极大的不理解。

因为被了解就是被看见。我们之前讲过"看见即慈悲"，不仅仅学生的那些优点需要被看见，他们内心的酸楚也需要被看见。有人说"学生不可爱的时候，才是最值得爱的时候"。了解学生不可爱背后对爱、包容、理解的需求，满足他，少一些批评指责的语言，多一些温暖的眼神、理解的话语、无声的拥抱。

事实上，老师极少基于对学生的了解去教育学生，大多只是基于自己站不住脚的经验去教育学生，甚至没几个老师有足够的好奇心去了解学生。只要学生上课睡觉就怀疑学生晚上又熬夜打游戏，只要学生考试突然进步很大就怀疑学生考试作弊，只要学生体育课肚子疼请假就给他扣一顶不爱运动的"帽子"，只要学生作文写得好就怀疑他抄了范文……老师说都是基于经验得出来的结论能有什么错？就是因为基于经验才有错！经验只能说明这是大概率的原因，但是学生之间有个体差异，每个学生都是独特的个体，有独特的经历，忽视他们、贴标签就是对学生的不尊重，更妄谈对学生的了解和关爱了。

有位很温柔的老师说："了解是关爱的起点，否则，我们连我们关爱的对象是谁都不知道。你以为张三就是张三吗？不！张三可能是喜欢电影的张三，也可能是喜欢绘画的张三，可能是喜欢处处出风头的张三，也可能是想让自己埋没于人海、不被发现的张三。"

了解学生才能精准关爱。精准关爱是什么感觉，大家都收到过生日礼物，有没有原本很期待，但是打开精美的包装却非常失望的经历？就好像一个喜欢车的男孩子收到了芭比娃娃，一个喜欢玩偶的女孩子收到了变形金刚。都是很棒的礼物，只不过不适合收礼物的人。能说送礼物的人不关爱吗？如果不关爱就连礼物都不需准备了。主要看用不用心。用心的人会根据收礼物的人的兴趣、喜好、需要去选择礼物，而不是自己觉得什么好就送什么。了解才是第一步，可惜很多人都忽视了。

  长这么大，我印象最深的生日是在小学四年级的时候。那时候家里很穷，自己也算是懂事，怕家人为难，也害怕自己被拒绝，不敢奢望过生日，但是在内心里还是有个愿望，希望得到一个精致的面包铅笔盒。到了那一天，妈妈居然真的给我买了一只蓝色的面包铅笔盒。那份惊喜、快乐，长大后似乎再也没有经历过。收到过更贵重的礼物，也吃过精致的蛋糕，但是那种不是自己张口就被精准送出的礼物，我再也没有收到过。无论是巧合，还是因为被妈妈了解，我都觉得特别幸运和幸福。

被了解、被看见、被精准关爱，真的是很多人的需求。很多老师不是不爱学生，但是往往失误在不知道何种关爱才是学生最需要的。

那到底怎么才能做到精准关爱呢？

第一，保持谦卑之心。谦卑的老师会清空一切自大的想法，知道自己不可能了解一切的真相，问询多于猜测，沟通多于断言。我常常提醒自己，别假设学生需要什么，也别自以为是替学生决定。如果想了解学生，一切的猜测都不如亲自看一看、问一问、听一听。不带任何评判地与学生交流，多倾听学生的心声。交流越多越了解，否则就是老师一厢情愿地猜测，仅是自己感动自己而已。

第二，创设自我暴露的环境，谦卑只是老师一个人的努力，但如果学生不配合也无法了解，怎么办？那就创设自我暴露的环境，坦诚地邀请学生谈一谈老师怎样做才能给予他被关爱的感觉。老师不要把学生的需求进行分类划分，而是针对每个学生的不同情况精准定位。同时，由于学生的需求是变动不居的，因此老师需要多次坦诚邀请学生分享需求，并及时调整关爱策略。

第三，鼓励学生主动赋能老师。其实这一点是当前教育的难点，我们的学生大多不敢向老师表达自己真正的需求，更别谈赋能这件事，说到底也是老师没让学生产生足够的信任。我曾经鼓励我的学生，说："我不是总能了解你们的心思，有时候也会弄巧成拙，明明想对你们好，却有可能伤了你们的心，以后，你们有什么需要、想法，可以随时跟我沟通，虽然我未必都能满足，但是，至少会尽我所能。"我又补充说："请你告诉我，你是一个怎样的孩子，你需要在什么时候以什么样的方式被对待，如果你这样告诉了我，你就为我赋能了，即便我做不到，我也能好好地与你沟通我为何做不到。"

你也可以试试，多在班里创设敢言、善言的自我暴露氛围，鼓励学生主动赋能老师。当然，他们也可以把这些方法带回家，主动赋能家长，承担起主动优化亲子关系的责任，让父母跟孩子之间也多一份了解。

曾经有个妈妈提问："孩子读一年级，每次遇到不会的题就会哭，一哭就停不下来，也骂过也打过，都不管用，这让我很苦恼，我到底该怎么办？"

我回答她说，她需要明确孩子哭的原因是什么。一般家长会以为"遇到不会做的题"是直接导火索，但实际上"遇到不会做的题"并不必然导致"哭"的行为，中间一定还有某种情绪做中介。可能是孩子对失败的恐惧，可能是孩子担心做不对会被家长骂，也可能是孩子担心自己被别的小朋友嘲笑……总之，是孩子产生了负性的情绪，他才会哭，但负性情绪又像一个黑匣子，家长要帮助孩子自我暴露，进而才能被赋能，知道如何帮助孩子。

因此，家长要做的第一件事，就是无条件接纳孩子哭这件事，允许他有负性情绪，帮助孩子自我暴露，然后跟他一起面对"不会做的题"。如果家长在孩子哭的时候，再脾气暴躁地说："哭什么哭？题做不出来还有脸哭？"基本上就把孩子自我暴露的可能性扼杀了，也就错失了引导孩子的最佳时机。这也多因为家长更在意孩子的学习成绩、更在意孩子表面乖不乖，而较少在意孩子的心理感受。

那家长具体应该怎么做？

家长要先接纳孩子哭，安静地陪伴他。家长越安静，孩子越好奇："怎么今天哭，妈妈不说话了？不批评我了？"他自己哭着没意思，就慢慢停下来了。停下来后，给她用热毛巾擦擦脸，抱抱她。然后问：

"为什么哭呢？需要妈妈帮忙吗？"

"哭完有没有解决问题？没有的话，那我们换一种能够解决问题的方法，好不好？"

"我们是不是可以求助一下老师？"

"我们再一起认真看看这道题的条件，看看有没有什么新思路。"

这一系列的问题都给孩子提供了"自我暴露"和"解决问题"的思路，关键是孩子是在安全的氛围中自我暴露，家长了解孩子的需要后才能提供精准帮助。

关爱不是只有一颗赤诚之心就够了，关爱基于了解，了解基于谦卑，谦卑所以探询，探询为了暴露，暴露得以赋能，环环相扣才能确保精准关爱。

04　服务即关爱

想一想你的日常生活，亲密的家人和好友之间是如何表示关爱的呢？
你躺在床上看电视的时候，妈妈坐在你身边，帮你揉搓着小腿。
带孩子异常疲惫，闺蜜把孩子带出去玩，让你睡个完整的午觉。
加班一天，深夜回到家，爸爸从厨房给你端出一碗热气腾腾的面。
突然下雨，你下了公交车，看到老公擎着伞在站牌处等你。
家里灯坏了，哥哥穿过整座城市，帮你换了盏新灯。
……

生活中这些令你感动的瞬间都是身边人关爱你的证明，让你心里暖暖的，想必也会因为被关爱而反过来去关爱别人。无论是"揉搓小腿"，还是"做一碗面"，还是"换一盏灯"，都是服务的行为，是关爱你的人为你做出的行为奉献，因为爱你、心疼你而心甘情愿的服务行为。

师生之间亦是如此。

采访学生的时候，学生提到了一些感人的瞬间。

● 有天我去办公室，突然下起了大雨，还突然降温了，老师把他椅背上挂的厚外套给我穿，还给我拿了雨伞，后来我才知道，老师自己是淋雨回家的。老师这么好，我觉得我不应该让她失望。

● 上次我摔断了胳膊，本来是件非常倒霉的事情，结果每天午休睡醒后，老师都会来帮我梳头发，最后带的我们班同学都抢在老师前面帮我梳头，我就觉得自己生活在好有爱的环境，感觉自己是因祸得福啦。

● 军训时，天巨热，老师不知道从哪儿搞来一只硕大的桶，给我们煮了一大桶绿豆汤，老师简直就是仙女下凡啊，大家瞬间就爱上她了，倒不是因为绿豆汤，就是她想着我们，愿意为我们做些什么的心，我们都感觉到了，真的好喜欢她，我们大家都喜欢。

学生都是敏感的，老师为学生做的每一件小事都会印刻在学生的心里，尤其是在他们看来老师本可以不做的那些事，他们会感觉到温暖的关爱。被关爱的学生都会相对温柔些，对学业更认真些，对生活更积极些，而且这些态度都会被学生内化到自身，转化为他们内在的驱动力，而不是老师外部施压才让学生产生变化。

曾遇到一位老师，讲了他的一个为学生服务的故事。

网上有对运动会的搞笑评价，说是一群整天不锻炼的傻子看一群天天锻炼的疯子在运动。这体现出运动会只是少数人的运动会，而其他不参加比赛的同学则只能被强迫当无聊的观众。对此，这位老师灵机一动，提议要在班级里开展"运动会服务团"活动。除了报名参加运动会的同学之外，其他同学和老师一起组成"运动会服务团"。

服务团的工作内容很多：拿衣服、准备水、呐喊助威、拍照、摄像，最有趣的还是按摩、举高高等服务。运动会那天，有位跑1000米的同学在大家的呐喊中加速跑到终点，以班主任为首的服务团立刻就围上去，这个同学躺在地上，一圈同学给他按摩，有按摩胳膊的，有按摩腿的，老师负责按摩脚丫子，欢乐一团，旁边有学生边乐边拍照，周围其他学生也都跟着傻乐。至于跑了第几名，不重要了，这些镜头成了这个班级最美好的回忆之一。

老师为学生服务，且带着学生一起为班里的同学服务。每个人都在服务与被服务的过程中，感受到了关爱与被关爱的温暖。表面上是服务团的同学为一名同学服务，但是欢乐的氛围让每个学生都感觉自己是被关爱的，至少如果自己需要，班里的其他同学和老师也会关爱自己、为自己服务。这种安全和信任的氛围应是此次活动的最大收获吧。

同样是运动会,宁波的徐剑军老师分享过一段他学生的故事。

> 班里有个胖胖的男生,运动自然不是他的强项。有次学校组织运动会,要求全体学生至少参加一个项目。这个胖胖的男生选择了1000米长跑,他也想通过这个活动锻炼自己。运动会当天,其他选手早早就跑到了终点,胖胖的男生还在跑道上坚持,老师为了鼓励他,就开始在跑道外面边陪跑边给他打气。后来,在他的带动下,全班男生都到跑道上陪跑,跑得很慢,就像走一样,但是胖胖的男生就在大家的簇拥中获得了力量,坚持跑到了终点。其他班等待的观众也给了久久不息的掌声。

第一次看徐老师分享这段视频时,我的眼睛湿润了。胖胖的男生在人生经历中听到最多的是"你该减肥了""你怎么就不能像别人一样坚持锻炼身体?""你就是咱们班NO.1,体重你第一!"……平时这些话就像小刺刀刺到学生身上,而现在老师和同学的陪伴让他感觉到了前所未有的包容和希望,虽然跑1000米的决心是他自己下的,但是坚持到最后却是由于老师和同学的陪跑和加油等服务行为。

老师站在讲台上讲一万遍大道理,都不如以这种服务的方式展示出对学生的接纳和鼓励。老师的陪跑既是向学生表达关爱的方式,也是教育学生尊重与关爱同学的方式。

都说"教育无他,唯有爱与榜样",爱与榜样,学生如何感知到?其实就是学生在看老师如何做,再去模仿,继而内化成自己的个人修养。这其中的诀窍,就是老师服务的力量,服务学生就是向学生表达爱的一种最简单的途径。

关爱并不仅仅是老师处处照顾学生,为学生做这做那,还包含用服务的方式带动学生自主服务能力的发展。

许多学校没有保洁,学校卫生按片区划分到每个班,也就是现在国家倡导的劳动教育的一个组织形式。很多学生在家都未必干过这么多活,因而面对学校的要求就常怨声载道,想尽办法能拖则拖、能逃则逃。

对学生缺乏关爱心的老师，就仅仅把打扫卫生区当作一项任务布置下去，通知学生几点前打扫干净。关爱学生的老师则会将心比心，不讲大道理，带着班级同学一起到卫生区，告诉大家卫生范围，然后就拿起扫帚开始干。只要老师有行动，就会有学生忙活起来，只要有一小部分学生参与进来，就会带动更多的学生参与进来。

在学生眼里，老师参与班级集体卫生区打扫就已经算老师的服务行为了。"少说话多做事"也体现了老师对学生的关爱。当然，也有一部分"狡猾"的学生能偷懒就偷懒，少关注这些孩子，多关注动起来的孩子。良性的师生关系绝对不是从指责学生开始，而是从以身作则开始的，否则如果学生反过来给你来一句"你都不干，凭什么让我们干"，你就会哑口无言了。

那部分偷懒的孩子怎么办？先观察了解哪几个孩子爱偷懒，下次再打扫卫生区的时候，老师主动帮他们拿清扫工具，教他们如何清扫干净，陪他们一起清扫，边清扫边愉快地聊天，以上"服务行为"做好了，学生基本上就对这项工作没什么意见了。千万别拿"扣分""罚站"之类的规则威胁学生。那些逃避劳动的调皮学生可能更有被关爱的需要，但是关爱的前提是老师先接纳他们的状态。总之，接纳为先，服务引导，是关爱也。

曾经读过一本书，书名是《我们为什么会分手》，是一本关于爱情的书，书中有一句话让我印象深刻，说"愚者，乞求爱；智者，吸引爱"。我们为学生服务、关爱学生，是对学生的吸引，那些动不动就指责学生、批评学生的方法只不过是在变相地乞求学生的配合。要做愚者，还是做智者，还是请三思而后行啊。

05　尊重即关爱

苏霍姆林斯基曾说过:"在影响学生内心世界时,不应挫伤他们心灵中最敏感的一个角落——自尊心。"自尊心是指自我尊重并期望得到他人尊重的一种心理状态,其基础是承认和肯定自己的尊严,从而不做有损于自己尊严的事,并且不容许他人的侮辱和歧视。自尊心是一种积极的行为动机,有助于学生克服自身弱点,敦促自己去维护尊严。而衡量老师教育是否成功的关键,就在于老师与学生的每一次互动是否都能让学生感受到自尊感与自我价值感。

全社会都在谈尊师重教,却忽略了老师对学生的尊重。我在此处倡议老师做一个自我检视:我是否像要求学生尊重他人一样尊重学生?

老师时常教育学生要讲文明、讲礼貌,要主动向别人问好,可现实生活中,却没有多少老师能主动向学生问好。这容易使学生产生一种错觉:老师好像高人一等。如果老师能主动给学生一句亲切的问候,哪怕是"早上好"之类的简单招呼,学生也会觉得老师是热情的、愿意跟学生平等交往的,从而在以后的学习中愿意跟这个老师对话、向他提问题、认真听他的讲解。

老师也时常教育学生要用和平的方式解决问题,要倾听、理解,可现实生活中,却没有多少老师能用和平的方式解决师生冲突。只要学生违反了老师制定的规则或学校规则,老师就马上变脸。对自己和对学生的"双标"现象比比皆是,这也是对学生的不尊重。

只有尊重学生,才能使学生在学习和生活中有安全感、愉悦感、尊严感,学生的潜能、智力才能得到充分发展,学生才能遵守规则、相互尊重。

所以，老师不妨采用多种方式，全方位地尊重学生。

娟老师总是抱怨她班里的很多学生上课时不听讲，总讲悄悄话。她曾试过提高嗓门压过学生说话的声音，但并不管用。她又试着长时间沉默，然后用严厉的眼神扫射他们，学生们的确会安静下来，但是几分钟后就又恢复原样。她还尝试对他们进行惩罚，让说话的学生罚站或者出去，但是，这仍然不管用。

娟老师很沮丧，甚至怀疑自己是否适合做老师，在跟前辈交流后，娟老师尝试了一次尊重式沟通。她坦诚地对学生说："上课吼你们或让你们去教室门口罚站，都是我没办法了。你们上课说悄悄话，让我觉得不被你们尊重，所以就用吼叫、罚站的方式报复你们。我感觉很抱歉，但是我真的希望能被你们尊重。"学生很震惊，没想到娟老师如此的真诚，同时，他们既承认娟老师发火也引起了他们的报复行为，也承认他们自己应该在这场"冲突"中承担责任。

接下来，娟老师建议先不上课，大家一起讨论如何尊重彼此的需要，以及如何确保上课时认真听讲。从尊重开始，问题就变得更容易解决了，学生们既从自我入手提了一些自我约束的建议，也给娟老师提了一些组织课堂的建议。师生之间不是相互责备，而是共同致力于寻找解决方案。

在学生看来，老师讲大道理也是为他们好，但就是感受不到爱，只感受到了被约束、被管控，所以才想抵抗。当老师尊重他们的时候，他们才真正感受到老师的关爱，也愿意以尊重的方式回应老师。

学生上课迟到是一个让很多老师头疼的问题，老师大多不问迟到的原因就直接采取惩罚的措施，学生多会选择叛逆或报复，老师再循环惩罚，学生再循环叛逆或报复，此时老师就给学生贴一个不服管、不好管的标签。事实上，老师越认为学生不听话、不好管，就越不会选择尊重的方式关爱学生，学生就真的不听话、不好管。

有一位老师悄悄在教室的门上贴了一张纸条："迟到的同学，不用报告，请静悄悄，一定要静悄悄地走进教室。上课铃一响，学习就开始啦！"她以尊重的方式告诉了学生她的期望，当然她也得到了回报——迟到的情况减少了。

反正，只要老师能控制住不大喊大叫、不惩罚、不暂停课堂而教育迟到的学生，学生反而越来越尊重老师与课堂，你说奇怪吗？其实不奇怪。尊重就是关爱，但是，老师们总忘记学生是需要被尊重的，这才是最奇怪的。

尊重学生还需要老师注意细节。

一个平日里积极主动爱学习的女孩，在学校办理贫困补助那几天突然就眼神恍惚，心思不定，我作为老师特别想如平时一样拍一下她的肩膀，用朋友般的语气说一句："咋回事你？脑袋忘家里啦？"但是当我再仔细观察一下，发现她并不是简单的犯困、走神，而是确实有沉重的心事。我轻轻地说："任何事情不要自己承担，信任老师的话，就让老师帮助你。"课后与她的聊天得知，其父刚刚发生一起事故，导致身体残疾，家庭没有了经济来源，想为家里减轻负担，但又不知该不该去申请、怎么申请贫困补助。

如果发现一个学生在上课的时候睡着了，怎么办？有些老师会朝这个学生扔粉笔头以示警醒，有些老师会突然叫他回答问题让他难堪，有些老师会让同桌站起来，因为他没叫醒睡觉的同学，这些都是惩罚的方式，而非尊重的方式。尊重学生的方式就是临时组织2分钟小组讨论，大家的讨论会把他吵醒，如果他还醒不了，你就趁大家讨论时，走到他身边，悄悄用手指头点他一下，把他叫醒。你不要持续关注他，也不要露出皱眉头的表情，你只要淡淡地、亲和地朝他笑一下，然后把讨论主题告诉他。你的做法会让学生安心地听接下来的课程，这是最重要的。课下你还可以继续关心他："昨晚是不是没睡好？要怎么做才能下次上课的时候不睡着呢？"

总之，尊重即是关爱。每一个被问题困扰的学生都是一个需要被尊重的学生。尊重是帮助学生调整自己处理问题方式的前提。老师尊重学生，学生感觉到被关爱，师生关系就正在优化中了。

06　套路即关爱

这里的"套路"并不是指精心设计的、算计"敌方"的手段,而是指精心策划的、有趣的、有意义的巧妙环节。目的只有一个,就是让学生感觉到被关爱。如果你的目的不是让学生感受到关爱,而只是操纵学生,让学生成为"听话""惟命是从"的机器,那就不属于本节的讨论范围。

每年的教师节,朋友圈里全国各地的老师都开始晒惊喜,多是来自学生的各种"套路",有匿名的鲜花,有亲手做的饼干,有被学生骗到某地的快闪表演……都是令老师动容,让老师感受到教育事业值得的"套路"。

红遍网络的土味情话,也成了学生套路老师的常用方式。有位老师分享了一则故事。

有天,晚自习下课,三位女生手牵手走到她面前,一本正经、满脸严肃地说:"老师,你今天怎么了?怪怪的。"她一脸惊讶:"没有啊,今天很正常,我怎么怪了?""你今天怪好看的!"说完三个女生哈哈大笑着跑开了。这位老师才明白,她们是用"土味情话"套路她!她"上当"了,不过,心里美滋滋的!

还有学生用脑筋急转弯套路老师。

课间在班里,一位男生问老师:"老师,你能回答我一个问题吗?"
老师说:"可以啊,别说一个,多少都行。"
男生接着说:"不过在回答问题前,你得先说十遍月亮,再说十遍月饼。"

老师爽快答应，这还不简单吗！他觉得自己说话向来口齿清晰，不会饶舌。"月亮，月亮……月饼，月饼……"二十遍说完，丝毫不差。

男生追问："后羿射的是啥？"

老师心里想这肯定是套路我说月饼啊，我这么聪明能被他套路吗？于是老师自认为聪明地说："月亮！"

班里的学生都笑了，老师还不知道他们为何而笑，一学生又继续追问："老师，后羿射的是啥？"

老师继续："是月亮，不可能射月饼啊，你们别套路我。"

学生们笑得更欢了，此时老师觉得可疑，定神想了一下，后羿射的是太阳啊，刚才脑子里全是"月亮"和"月饼"了，完全没想到这个问题的套路在这啊！在大家的欢笑声中，铃声响起，新的一堂课开始了。虽然是"被套路"，但是，老师的感觉并不尴尬，因为能让学生如此"套路"的老师都是让学生感受到充足的安全感和爱的老师。

如此"套路"皆为真情。因为喜欢所以"套路"，而被学生喜欢的老师，也可以设计一些真诚的"套路"来回馈学生。

有一次，为了激发学生的学习动机，我也搞了次奖励。奖励属于外部动机，需要谨慎使用。如果学生对学习本身就具有天然的内生性动机，那外部动机（赞美、奖励、积分等）有可能就是画蛇添足，适得其反。一旦外部奖励压缩、减弱或取消，学生的内部动机也变弱了，甚至可能会排斥学习。正因如此，外部奖励的提供，需要注意两个"套路"：第一是时间，后补奖励好过预告奖励；第二是奖品，奖品需要精心设计。

上课时，小组之间"问答"大比拼，"王杨不赵苗"组得分最高，在活动结束之后，我才突然说打算给得分最高的组发奖品。为何在"问答"比赛结束之后才宣布要送奖品？"问答"环节主动设计问题和积极回应问题是出于学生的内生动力，不能让他们为了奖励而去努力，否则以后没奖励就不认真了。这是时间"套路"。

关于奖品，我一时也没想好，就跟学生说下周会带过来。

这一周我都有点焦虑，到底送什么奖励合适呢？想过送巧克力，女孩子嘛，大多都喜欢吃，但又觉得太俗气。想过自己亲手给她们烤蛋挞、烤饼干，可看看我束之高阁的烤箱，只得作罢……

就这样，我一直纠结到上课前的一个半小时，还好，突然有了一丝小灵感。我翻出一直没舍得用的花瓣本，撕下一页，又把它撕成五份，我在每张纸条上写下了一个奖励方式，让学生抽签选择被奖励的方式。

到了课堂上，我先让大家说说之前曾经享受过的奖励方式都有什么。

小红花、糖、不挂科、免写作业券、奶茶……

好险！幸亏我没有选择这样的奖励方式，否则，怕会被学生鄙视呢。

我拿出准备好的小纸条，说我准备了五种礼物，让"王杨不赵苗"组派个组员来抽取。结果，班里同学好嗨啊，好多同学提出来让其他组替"王杨不赵苗"组抽取奖励，过过手瘾。我发现一个组的奖励变成了全班同学的狂欢，有点意思。顺应民意，我选了当天过生日的嘉茜同学，请她抽取。

生日小公主抽到的礼物是，"组内成员每人赠一本书，要求是请提交500字以上的读后感"。

看到这个礼物，全班更嗨了。又点头又摇头，可爱极了。

不过学生们还是对我纸袋子里的其他奖励充满好奇，于是，"王杨不赵苗"组要求体验一把抽取奖励的快乐。结果，他们这次的礼物是："只要是不犯法的事情，你提一个，我来去做。"

我希望借这个"奖励"让学生知道我是他们坚实的后盾，只要他们需要，只要我有能力，只要不伤害别人，我都可以啊。

学生们仍然好奇，我又给了他们一次抽取的机会，换了一个同学来抽，这次的礼物是"按摩一次"。

要知道，师生之间的身体接触也是构建良好师生关系的方式。

每打开一次奖励纸条，学生们都喧哗一阵子，又好玩又开心。我让

"王杨不赵苗"组讨论一下抽取到的三种奖励,可以三选一。他们只用了几秒钟,就决定"一人一本书"吧。

你看,外部奖励设计到最后,居然又回到了学习的内生动机!

其实,每个老师都能说出几件"套路"学生的故事。虽然套路有时候意味着设计和目的性,但有时候也会成为师生之间心生情愫的巧妙环节,如果是出于爱学生而设计的一些小"套路",那就是温暖与甜蜜的爱呀!尽情地开动脑筋吧,为学生准备惊喜"套路"的过程,自己的内心也是满满的幸福。

07　关爱学生不等于牺牲自我

有老师说:"我对学生可以说是尽心尽力了,我从早到晚心都扑在他们身上,自己孩子都没时间管,你看我年纪轻轻白头发都出来了。"

听起来是个为学生而奉献的老师,但是作为一个旁观者,我必须坦白地告诉他,我在他的叙述里感觉不到他对学生的关爱,反而是一种枯竭感、无能为力感、抱怨和"勒索"。就好像在对学生说:"你看,我为你们付出了这么多,你们必须让我省心,你们不能犯错误。"

关爱学生不等于牺牲自我。当一个老师失去了爱美之心,疏于对家庭和孩子的照顾,丧失了读书、锻炼的自我成长时间,完全投入到学生身上的时候,也就是他失去自我的时候。一个没有自我的人就容易陷入对他人的控制中。这样的老师容易打着"为学生好"的旗号,随时监控、干预学生,当然也包括随时为学生服务,我们也不能忽略老师的真心。

关爱学生,先要学会关爱自己。自尊的人才能被尊重,也才能教会别人尊重。

当老师想尽一切办法把爱给学生的时候,他就会处于紧绷和疲惫的状态,有时当学生需要关爱时,老师自己的内心是空荡荡的,没有付出爱的能力。老师首先要照顾好自己和家庭,才能更好地照顾学生;首先要爱自己,才会拥有爱学生的能力;先让自己内心充满爱,才能让爱在自己和学生之间流淌。

很多学校要求班主任老师手机 24 小时开机,保障学生遇到任何问题都可以随时找到老师。这个要求是出于学生安全考虑,无可厚非,老师们也是完全执行，允许学生或家长随时打电话、提出问题，他随时准备协助。

可是，看看在中午一点钟的午休时间，在晚上九点钟的下班时间，老师们接到的电话内容都是什么。

- 老师，数学作业是什么？
- 老师，我家孩子眼睛不太好，能不能把她的座位往前调一调？
- 老师，家里有事，我需要去学校接一下孩子。
- 老师，我饭卡丢了，怎么补办？
- 老师，贫困补助的证明都需要盖哪里的章？
- 老师，我给孩子放了几件衣服在门岗，记得让他拿一下。

作为班主任老师，在某个小憩的午后，在某个和家人散步的傍晚，在某个睡懒觉的周末清晨，收到并处理这样的电话，似乎是再稀松平常不过的事情了。

有些老师承诺学生"遇到紧急问题不要担心，随时给我打电话，我手机24小时为你们开机"，可是，很多同学和家长根本就不理解"紧急问题"的含义，在他们看来任何自己暂时无法处理的事都可以是"紧急的"，不管这些事是多么的鸡毛蒜皮。于是，就涌现了很多配合学生、24小时手机在线的老师，第一时间帮助学生处理这些"紧急问题"。请问这是在关爱学生们吗？是真的觉得学生处理不了这些事，还是担心如果不帮助学生处理这些事，就会被学生讨厌、吐槽，扣上不是好老师的帽子？

然而，你去跟学生聊天，你就会发现，可以随时被打扰、随时被差遣的老师并不能够得到学生完全的尊重和认可，他们觉得这是理所当然的，相反，很多时候他们会反过来吐槽老师有时态度不好。有学生说，"不就是打个电话问他请假吗，哼哼唧唧的，也不痛快地同意"。另一个学生马上补刀说，"我上次给他打电话问数学作业的事，那口气更是嫌弃"。为什么会这样？因为24小时随时待命的老师也有七情六欲，当在熟睡中被电话吵醒，当刚听着自己的孩子讲学校的故事就被电话打断，老师一样会有情绪啊，这种失落、烦躁、焦虑的情绪会通过电话传递给学生。于是变成了恶性循环——学生或家长在休息时间给你打电话，你焦虑地接电话，对方感觉到你的焦虑，吐槽你态度不好，你觉得自己的辛苦没有被理解，你委屈，继而又把自己的委屈、失落传递给学生……

有句话说，别人如何对待你是你决定的。你牺牲自己的休息时间、锻炼时间、陪伴家人的时间，是因为你同意让学生随时随地打扰你。

我认识一位班主任，每到接一届新生的时候，在第一次家长会上，他就会说："我是班主任，也是跟家长们一起教育孩子的人，我是学生在学校里的监护人，但不是孩子24小时的保姆，有事在上班期间解决，下班时间不是特殊情况请不要打电话。"可能家长会开完以后，部分家长会有意见，或者在背后指指点点，或者在没有老师的家长自建群里嘀咕牢骚几句。

但是这位班主任坚持自己的边界，在后续的班会上还强调让学生自己学会分辨事情的紧急程度，并选择在合适的时间与老师沟通，同时让孩子与家长沟通如何尊重老师的休息时间。长此以往，这个规矩定下来以后，家长或学生有紧急情况也争取在上班时间打电话或者到学校解决。而很多班主任处理班级事情筋疲力尽、疲惫不堪，有时候累到回家以后甚至跟自己的孩子发脾气。这么明显的对比，关键在于思想观念和行事风格上的不同。

爱不是牺牲自己，爱是让自己像一束光，照亮其他人。况且，关爱学生的范围很大，绝不仅仅是关心他们的饮食起居，也绝不是对他们有求必应。关爱也是要教会学生自己关爱自己，而不是一直让其他人来关爱他。没有人能一直陪着学生、当他们的铠甲，他们自己才是自己的铠甲。

有老师担心如果自己不手把手教导，学生有什么闪失怎么办？他们认为，学生在行为上或者道德上都需要老师去规范和教育。可是当我们事事都规定和约束学生的时候，他们就真的能从中受益吗？比如：有的学校要求老师去食堂吃饭要监督学生排队，晚上回到宿舍要督促学生洗脚，教导并监督学生在校园里见到老师要鞠躬问好。可是有一天，我们发现了一个"有趣"的现象，有一位老师从油印室搬了好大一摞试卷，累得气喘吁吁，这时碰到两个学生，这两个学生弯腰90度大声喊："老师好！"然后就没有下文了，两个学生都没有关心老师累不累，是否需要帮忙。这是多么讽刺的画面！扣心自问，这样的教育是我们想要的结果吗?

老师无须是"蜡烛"，但必须是"火种"，是能够点亮学生内心世界的"火种"；是"光源"，既能照亮自己，也能照亮学生；是"营养"，既能滋养自己，也能滋养学生。老师的职业特征，说到底，是凭智慧开启智慧，用文化创造文化。

很多时候，老师在面对学生时，之所以控制不了自己的情绪和行为，是因为工作和生活中积聚了太多的压力，一点点意外就容易让老师的情绪爆发。如果老师平时照顾好自己，当压力、烦恼产生时，就有足够的精力去处理，也能冷静地去思考。所以，老师照顾好自己，才能照顾好学生。

08 关爱学生不是溺爱学生

先问个问题：长远看，你是让学生更独立还是更依赖？

优秀的老师是把学生培养成具有独立人格的人，这就要求老师懂得充分授权和能力培养，让学生在学习和生活中发展出能够独挡一面的能力，而不是凡事猜老师心思、看老师脸色行事，更不是凡事找老师、求助老师。

可是现实中不乏有些老师以关爱之名，生怕自己怠慢了学生，生怕自己被责备说不够爱学生，所以事事亲力亲为，无条件为学生服务。有位老师曾发表言论说"爱他，就让他依赖你"，她秉承的原则是，只要学生需要的，她都有。她还写过一首诗，摘选如下：

> 老师，我被虫子咬了！
> 快来抹点青草膏。
> 老师，我手指打篮球挫伤了！
> 快来喷点好德快。
> 老师，我衣服破了！
> 快来我给你缝一下。
> 老师，我鞋子开胶了！
> 快来我给你粘一下。
> 老师，我这里擦破皮了！
> 快来贴个创可贴。
> 老师，我凳子螺丝少了一个，

快来我这里有配套螺丝。

老师，我团徽找不到了。

我这有。

老师，剪刀有吗？

我这有。

……

老师在吗？

我在！

要想学生爱你，首先他得依赖你！

这首诗，乍一看让人热泪盈眶，满满都是老师对学生的疼爱和关照，仔细一想，却是漏洞百出。我们是要培养一个凡事依赖老师的学生，还是要培养勇往直前地走向这个不确定性世界的、独立的学生？

有些学校也宣扬这种随时为学生服务的理念。每年军训季，都会看到有些学校官方报道学校如何呵护这些军训新生，有老师贴心地为学生缝补开线的迷彩服的画面，还会有学生感激的发言。仔细想想，无论初中还是高中，缝补个开线的裤子都不应该是个难事，即便学生不会缝补，那到底该老师代劳，还是老师教会他缝补呢？我倒是赞同学校准备缝补工具，但是不赞同老师代劳，这属于替代性成长。学生离开了老师的庇护，他自己还是不会展翅翱翔，难道这是教育的目的吗？

除了溺爱式的生活服务之外，学习和工作上亦是如此。很多老师担心学生水平有限，所以学生主持晚会的主持稿、参加比赛的演讲稿、制作微视频的解说词居然都是老师亲自写好的。老师无奈地解释说："没办法啊，他写的那些都不能看。"正因为学生写得不好，才更需要写啊，难道等学生毕业了，到了工作岗位上，也会有人来帮他拿到业绩吗？老师为什么愿意给学生写稿子？因为直接替他们写，比教会他们自己写简单多了。所以，老师到底是为自己，还是为学生？当老师把自己整得无所不能的时候，学生是不是就无所事事了？

懂得关爱学生的老师会为学生赋能，而不是让学生为他赋能。那些对学生无微不至的关心，凡事亲力亲为的老师更像是通过这种方式确保自己的安全感。老师不愿意授权学生，甚至有强烈的爱护、管控欲望，本质上是老师自己还未独立，至少精神上还未独立。无论是溺爱、命令还是管控的教育方式都只能使学生越来越依赖老师，这只能让学生越来越弱小。只有真正精神独立的老师，才能成为真正关爱学生的老师。

老师与学生之间的关系是陪伴成长的关系，也是渐行渐远的关系。多放手、多放权，让学生摔跤，让学生犯错，让学生经历成长痛，这才是老师该做的事。

关爱学生，应该把尊重、信任和规则要求严密结合起来，绝不是无规则、无纪律的溺爱和纵容。遵守规则并不意味着态度严厉，而是指老师必须在思想、学习和纪律等方面提出严格且具体的要求，但同时又保护学生的自尊心和积极性。

当然，老师都期待着学生懂事、听话、不犯错误，具有良好的判断力，但是学生可并不如老师们所想的那样，他们会考试作弊，会打架斗殴，会喝酒闹事。很多老师采用惩罚的方式来对学生进行管教。惩罚，是让学生为自己的所作所为付出代价，也就是说，"为了让学生们做得更好，我必须让他们感觉更糟"。老师试图用更糟的感觉让学生们停止负面行为，可是这些方式通常会导致怨恨、报复、反叛和退缩，并不能起到教育的目的。

当学生违反规则、犯错误的时候，关爱学生的老师会寻找机会帮助学生从自己的经历和错误中学习。错误是学习的机会。当学生理解他们可以通过所犯的错误来学习时，学生也就学会了为错误承担责任，还理解了错误的价值。

温和而坚定是老师在引导学生尊重规则、从错误中学习时的必备态度。比起狂风暴雨般的批评与责骂，温和的态度与对规则的坚守，才是助力学生成长的关键。以下案例是对"温和而坚定"的详细阐述。

平平同学上小学时一直是边缘学生，在班级里没什么存在感。上了初中以后，他发现自己有迅速反驳并挖苦、损人的"天赋"。他的一些同学觉得他很有趣，平平也好像因此获得了存在感。每当平平挖苦同学或老师时，老师常用批评教育、罚站、门口反省等措施惩罚他，但这些方法没有起到任何作用。后来，班主任发现讲道理和惩罚不仅不起作用，还让平平感觉不到老师对他的关爱，意识不到老师其实是为他好。

班主任决定召开一次以"尊重"为主题的班会。在班会上，他首先说出自己观察到的情况以及教室里出现的一些具体的不尊重的行为，但是他并没有明确指出平平的名字。然后，班主任邀请一位学生跟他一起做角色扮演，他自己扮演了一个存在各种不尊重行为的学生，学生扮演老师。之后，班主任请扮演老师的学生分享感受，也让全班同学讨论自己的想法、感受和决定。不用说，班里的讨论都在朝着如何构建尊重型班级、同学之间如何相互尊重的方向上进展。

班会结束后，班主任又单独找平平聊了聊。平平在挖苦和贬损别人时头脑灵活、反应迅速、口齿伶俐，这些都是他的优点。班主任让平平想一想自己的这些能力还可以用到什么地方，能怎么样帮到自己，还跟平平一起制定了自检清单，每天都自检一下自己的行为，记录自己不尊重行为的次数，看是否可以逐渐减少，如果减少就一起找个方式庆祝，如果增多就提醒一下自己。

这次谈话让平平的行为发生了巨大的转变，平平说"老师让我体验到了不尊重别人会让人很不舒适，同时也关照了我被尊重的需要。虽然老师是在管教我，但是我居然觉得很受用。"

老师关爱学生，不代表对学生不管不顾，纵容学生"撒野"。老师关爱学生，以温和的态度对待学生是应该的，但是如果不坚持原则，该严厉的地方不严厉，该教育的时候不教育，这种爱就失去了师爱的意义。关爱学生，是为了让学生变得更好，让学生自己更喜欢自己。

09 关爱学生不等于偏爱学生

当老师对个别学生有偏爱时,其他学生通常会觉察,并且能够敏锐地判断出老师偏爱的是谁。即便老师觉得自己并没有厚此薄彼,但是学生却能够指出到底哪些同学是老师的"宠儿"。几乎每个人回忆起自己的读书经历时,都能说出几个当时被老师偏爱的学生名字,也掺杂着一些"意难平"的心理感受。

坦白说,老师感觉与某些学生或某个班有特别的情感连结是很自然的事情,但是老师不能将其作为评价其他学生或其他班的一个标准,那起不到激励作用,反而会让学生感觉到被区别对待。事实上,很多老师都对某个班说过这些话:"你们是我带过最差的班级!""你们跟我带的上一届的学生没法比,他们上课非常认真,我说一遍都记住了,你再看看你们!""你们都像××同学学习学习,看看人家怎么写作业的,就不觉得害臊吗?"……这些话的初衷都是为学生好,但恐怕会把学生越推越远。听到这些话的同学,情绪的底层逻辑被打乱,又怎能踏踏实实地爱上学校和课堂?

涉及到举荐学生参加某些比赛的时候更容易让学生感觉到"偏爱"的存在。如果在你的班里,一提到参加演讲比赛的人选就是 A 同学,一提到参加艺术展演的人选就是 B 同学,一提到参加长跑比赛的人选就是 C 同学……这样会让很多同学产生类似"反正也不会选我,我也没必要努力"的想法,还有一些同学觉得自己也不差,也有希望被推荐,但是最终仍没有机会,此时就会觉得不公平。

老师的思维定势的确会影响学生的进取心。可能有老师就会提出问题:

"难道不应该选在这个项目上最强的学生代表班级参加比赛吗？"这个问题特别好，我也想反问两个问题：我们到底是要比赛成绩，还是要我们的学生成长？班里拿个奖重要，还是班级团结、积极、共享进步重要？

扪心自问，用心回答，自然会有答案，对不对？

有老师尝试在班会上采用头脑风暴的方法，举全班之力共同想出一些能让更多的学生参与项目的方法。比如，组建各类团队小组，每一位参加比赛的同学背后都有其他同学组成的智囊团，由竞争变合作，让每位同学都可奉献，找到自己的价值，每次比赛后还会集体复盘，共同商量改进方案。

到底怎么样才能避免各类偏爱？当老师意识到自己在对学生进行比较或偏爱某一个学生时，要刻意地对自己的行为和想法做出调整，这样才有助于建立公平的氛围。具体做法如下：

第一，如果老师发现自己在安排任务时会反复用到某几个学生，可以尝试设计一个能确保学生们轮流的方法。

第二，在班会课上让学生们想出一些可以轮流做的班级事务或项目计划，消除学生认为老师偏爱某个学生的看法。

第三，要尝试多跟学生交流，以不带评价的倾听为主，进入学生的内心世界，了解他们的感受。很多时候老师认为是因为某个学生需要而安排给他的事情，可能会被班里其他学生理解为偏爱。老师要给学生机会说出他们对特殊待遇的感受、想法和结论，被倾听本身就是一种缓解。可能的话，把这部分学生纳入到帮扶团队里，这也是一种关爱。

第四，带领学生们做"知道老师关心你吗？"的活动。把学生分成4~6人小组，让他们分别在组内分享感觉到被老师关心的时刻，然后让他们用头脑风暴想出老师怎样做才能表明关心学生。前者是让学生回忆被关心的温暖瞬间，后者是让学生提供一些希望老师表达关心的方式。活动结束后，老师要将学生的建议进行整理，并向学生反馈说明自己将从哪几条入手开始关爱学生。这是以学生需求的方式关爱学生，自然会有效。

第五，尝试将"你们是我带过的最差的一届"改为"我对你们抱有很高的期待，你们肯定还能够做到……"。比起负面评价，高期待更能引发学生的动力，还不会让学生感觉到偏爱。其实，老师也需要真正理解，这届学生并非真的是最差的一届，很多时候是老师在怀念曾经意气风发的自己，很多时候是老师自己的教育方式和方法出了问题，但是老师常犯"自我服务偏差"错误，总是让学生承担"差"的责任来为自己开脱。实际上，当这一届学生毕业，老师就不再聚焦于学生的缺点，看待学生的眼光就会较为客观。

不乏有些老师对某些弱势群体学生是另一种"偏爱"，总将这些学生看作是处于劣势的一方，并试图对其进行保护或救助，比如要么不让他做，要么帮助他做，这有可能会让情形变得更糟，让学生习惯性地依赖老师，而没有得到自我发展。实际上，老师的目的决不应该是暂时的顺利，而是锚定学生的长远发展和进步。因此，比起帮助弱势学生解决问题，不如多探寻为这些学生赋能的方法。

为了避免其他学生因为老师过度关照弱势群体学生而产生对老师偏爱行为的不满，老师还可建立班级合作小组，把学生纳入到关爱行动中，这样有几层好处：

● 学生更了解学生，从同伴互助角度而言，能够提供精准帮助。

● 纳入到关爱行动中的学生主动为弱势群体学生负责，就会降低对老师的误解。

● 纳入到关爱行动中的学生在扶助弱势群体学生时，自身也获得成长。

● 弱势群体学生在同伴行动中逐渐掌握问题解决方法，能够独自面对挑战。

10　关爱学生以师师关爱为基础

就好像"爸爸妈妈相爱是给予孩子最好的爱"一样，在学校里亦然，老师之间相互关爱，学生才信任老师是真的关爱他。这要求老师之间要谦虚谨慎、相互尊重、相互扶持，合力关爱学生。

如果老师之间表现出勾心斗角、尔虞我诈、人前一套背后一套，学生作为敏感的人群，会在老师之间的关系中管窥师生之间的关系，并据此怀疑老师对他们的真心实意。关爱学生的目的是让学生感觉到温暖、快乐。可是，如果学生不信任老师关爱学生的真切性，关爱就会被学生视为老师操纵他、改变他、让他顺从的手段。因此，师师相互关爱既是老师真诚关爱学生的前提，也是老师能否真诚关爱学生的试金石。

怎么才能叫师师相互关爱呢？说简单点，就是像关爱学生一样，了解他、关注他、尊重他、服务他，最主要的是维护他。

毫无疑问，老师是学生饭后的谈资之一。所谈内容无非就是老师漂亮不漂亮、对学生好不好、上课讲得怎么样之类。至于学生背后如何评价任何一位老师，不要过于在意，但是，如果学生在你面前用不尊敬的话语或者不确定的事实表现出对其他老师的意见时，你的做法就非常关键了。以下三种处理问题的方式，你会选择哪一种呢？

方法一：

生：张老师太烦人了，一上课就提问，也不看看自己讲课讲得多差劲，谁想理他啊！

师：是吗，是听很多学生反映不喜欢张老师，你说说看，到底有多烦？

方法二：

生：张老师太烦人了，一上课就提问，也不看看自己讲课讲得多差劲，谁想理他啊！

师：你们上课不好好听课还有理了？张老师的课我听过，讲得挺好的，你们也反思反思自己，别动不动找别人毛病。

方法三：

生：张老师太烦人了，一上课就提问，也不看看自己讲课讲得多差劲，谁想理他啊！

师：看起来你确实很烦躁。

生：是啊，真是无语了。

师：可是，我记得上次你感冒张老师还给你送感冒药了，他人还是很不错的。

生：对，张老师人是挺不错的。我也是有点极端了。

师：没事，我们老师做得不好，你们提提意见很正常，我们也理解。如果觉得张老师上课不太吸引你，你有什么好想法帮助他提升吸引力吗？跟张老师好好谈谈怎么样？

方法一中的老师给人的感觉像落井下石一样。学生不喜欢张老师，他首先用"很多学生反映不喜欢张老师"来附和、强化学生的观点，其次用"到底有多烦"来挖掘学生更多的负面言论。这绝无师师关爱之意。

方法二中的老师的确是在维护同事，但是却采用了评判、指责的方式，让学生反思自己。看似无错，实则大错。第一，忽略了学生"很烦"的感受，感受无对错，需要无条件接纳。第二，忽略了学生抱怨背后的可能原因及解决方案，直接批评学生并不能解决问题，反而会使问题尖锐化。第三，想维护同事，却搭进去了自己，学生原本对你还有些信任才向你抱怨，最后也破坏了学生对你的信任。

方法三中的老师，先用"看起来你确实很烦躁"认同学生的感受，又用"送感冒药事件"提醒学生看到张老师善良的一面，接下来用"我们老师做得不好，你们提提意见很正常"把张老师与自己团结为一体，并表示对学生意见的接纳和理解，最后用"有什么好想法帮助提升吸引力"这个问题把学生的角色由抱怨者转化为问题解决的参与者。全程都理解学生，也看到张老师的好，但又表达出愿意与张老师共同面对问题的态度，毫无疑问，这是师师关爱的表现。

方法三中老师处理问题的方式本身就可以起到一种榜样示范作用，教会学生如何面对他人对别人背后的负面评价，也教会学生之间如何相互帮助、彼此关爱。当然，当老师表现出对同事的关爱之情，学生也会更尊重老师、信任老师。

有时老师之间的确会存在一些冲突，学生之间也会把老师之间的冲突当作谈资，甚至会各自站队表明对哪一位老师的支持。这种分裂也不利于师师关爱，更不利于对学生的教育。

所以，师师关爱需要胸怀，也需要技巧。总的原则就是：时刻假定学生在你面前，时刻提醒自己为学生做关爱示范，时刻保持对同事的关爱之心，时刻从己做起表达关爱。

老师还可以邀请学生一起感谢、赞美同事。这样有几个好处：

● 学生会思考一些具体的、积极的事情来表达对老师的感谢和赞美；
● 学生能听到老师和其他学生的赞美和感谢；
● 学生看到了老师之间相互关爱的样子。在这个过程中，学生既学会相互关爱的心态，也能学会相互关爱的技巧。

11 小结

没有关爱，生命无色彩。

被关爱不仅可满足学生的生理需要，还可满足学生的心理需要，使学生感到真正的快乐。

低年级的学生，老师用拥抱、谈心的方式关爱他，他很受用。等到了初中、高中，学生有时会推开老师，仿佛在说："我长大了，你不要这样再把我当小孩子看了。"不要因为被学生拒绝，就觉得他们不需要被关爱了。要知道学生面对青春期身体发育的巨大压力时，他们的应对能力并没有跟上，他们仍然需要被关爱，甚至需要的更多，只是他们需要换一些方式来感受你的关爱。

关爱学生，要在乎学生的感受，要尊重学生的需求和选择，要关心学生及与学生有关的人，要在意学生的成长。但老师也要关爱自己，先照顾好自己，再照顾学生。

第四章

陪伴学生

真正的陪伴是与学生眼神交流，倾听他的心声，看见他的需求，陪伴他做他想做的事，与他高质量地对话。

想要成为让学生信任的老师，建立学生的安全感，老师就必须花时间与学生共处，这是毋庸置疑的。花时间陪伴学生就给学生传递了这样一个信息：你很重要，我愿意放下手头的事情陪伴你。这就是"接纳""赞赏"和"关爱"的精髓所在。这不是老师夸夸其谈地标榜自己多么称职，而是用"陪伴"来表明：学生在我心目中的分量是举足轻重的。

01 你陪伴学生了吗？

假如你不愿意花时间陪伴学生，那么这本书里写的一切都是一纸空文，毫无意义。

这句话极端了一些，但是却是我的心里话。如果老师对学生说我无条件爱你、接纳你、欣赏你、想让你感受到自身的重要性，但是，老师却不愿意花时间陪伴学生，那仅仅就是空谈而已。没有陪伴做基础，老师怎么接纳和赞赏学生？又如何向学生表达关爱？

既然陪伴学生如此重要，那关于陪伴，我们到底了解多少，一起来思考一下吧。

1. 你每周除上课时间外，有多长时间陪伴学生？
   _____

2. 你觉得陪伴学生需要花很多时间吗？
   _____

3. 你觉得影响陪伴质量的因素有哪些？
   _____

4. 如果陪伴质量的分值是1—10，你陪伴学生的质量有几分？如果想提升1分，你觉得你可以做些什么改变？
   _____

思考完这四个问题，你大概对陪伴学生有了一个初步的理解和感受。回想自己的经历，也许你算了算，自己一天有十个小时待在学校，做到了陪伴学生，可是还会有学生跟你不交心，于是你百思不得其解；也许你在学校为学生补习功课、陪学生去看病、给学生做心理辅导，以至忘记了去接自己孩子放学、忘记了家人的生日、忘记自己约了牙医，可是，这些仍不足以温暖每一个学生的心。

　　别着急，这不是你一个人的疑惑，很多老师都遇到了类似的事情。接下来，我们就慢慢抽丝剥茧，具体来看看如何陪伴学生，才让陪伴真的有价值。

02　陪伴要注意力集中

仅仅与学生待在同一个教室空间，不算是陪伴学生，关键在于在一起时是否注意力集中，尤其是在这个很容易被分散注意力的时代。注意力集中就要做到保持目光接触，不要一边做其他事情，一边听学生讲话；要注意观察学生的肢体语言；不要随意打断，也不要盲目评价学生。

很多老师在家庭里有相应的经验。陪两岁的宝宝玩皮球，如果爸爸把球滚给孩子时，目光是投射到孩子身上的，那么，爸爸的确是在陪伴孩子；如果爸爸边把球滚给孩子，边用手机刷着抖音，那么，爸爸的心并没有与孩子在一起，这就不算陪伴孩子。当爸爸的心无法与孩子的心连结到一起时，孩子就不会得到满足，就会出现"孩子哭闹嫌爸爸不陪他玩儿，而爸爸辩解说自己一直在陪孩子"的状况。

去餐厅吃饭，你可以瞬间分辨哪一对是热恋中的情侣，哪一对是老夫老妻。热恋的情侣都愿意给予对方全部的注意力，他们会含情脉脉地看着对方，边轻声细语地聊天，边小口慢咽地吃饭。餐厅是他们约会的场所，他们更在意的是彼此的陪伴，而不是吃什么样的美食。老夫老妻则是点菜2分钟、候菜20分钟、吃菜10分钟，其中候菜、吃菜时还常各拿各的手机刷着新闻，彼此的眼神几乎无交集。餐厅也是他们约会的场所，不过他们的关注点只是吃饭，不存在彼此共享、彼此关注的时间和陪伴。因此，有人建议，如果感情逐渐淡薄的情侣想恢复热恋的关系，可以尝试不受干扰、放下手机、深情对望地吃一餐饭，聊一次天。

以上的故事都表明，陪伴是彼此在一起共同做一些事的同时，给予对方全部的注意力。你愿意花时间跟对方在一起所做的最平常的事、所参与的最简单的活动都只是"陪伴"的载体，传递了你的情感——你对他感兴趣、你愿意花时间关注他、你愿意陪伴他、你喜欢跟他在一起。当爸爸与孩子一起玩皮球时，重要的不是玩球本身，而是亲子之间的情感；当情侣在一起吃饭时，重要的不是吃饭，而是两个人相互陪伴的时光，以及在情感上的交流。

那老师与学生在一起呢？作为老师的你是否让你的学生感受到你愿意给予他陪伴，愿意花时间与他待在一起，且给予他不分散的注意力？如果你愿意，那意味着当学生因为某事来找你时，你能放下一切手边事务，专心听他倾诉；当学生邀请你观看他打篮球比赛时，你能专心为他加油、鼓劲，而不是他投篮进球的瞬间看到你在跟别人聊天；当学生邀请你观看他的一幅画作时，你能全情欣赏，而不是顾左右而言他；当学生跟你讲他宿舍的故事时，你能充满好奇，而不是心不在焉；当学生跟你讲他讨厌某一学科时，你能充分体验他的情绪，而不是着急反驳和教育他……

如果学生认为你不愿意陪伴他，也不愿意给予他全神贯注的注意力，他就会对你们之间的关系心存怀疑。从教育本质上来讲，教育学就是关系学。归根结底，让学生喜欢学校，应先让他喜欢学校的领路人——老师。如果学生一看到你就觉得烦，如果学生认为你对他不是真心实意，如果学生感受不到你愿意陪伴和倾听，他又怎么愿意跟你对话呢？关系是一切的根源。就像谈恋爱一样，当恋爱双方关系紧张、彼此怀疑的时候，对话的质量能高效吗？不仅不高效，甚至还会谈崩了。因此，从关系的视角来看，老师能专心致志地陪伴学生至关重要。

我当年犯过错，忽视过学生对全情陪伴的需求，直到学生对我提出意见时我才意识到问题的严重性。坦白说，一旦问题出现，学生对你产生定势化的质疑时，再扭转学生对你的印象就有些困难了。所以，把我的错误写在这里，恳请各位老师引以为鉴。

小峰是我的学生。我的办公室距离他上课的教室非常近，每次课间，他都非常喜欢到我的办公室来跟我聊天。我也乐得通过这个机会多了解学生的世界。

可是有段时间我读书上瘾，每天抓紧一切工作以外的时间读书、写读书笔记，小峰再来找我聊天时，我不再兴致勃勃地跟他对话，而是继续坐在我的座位上，眼睛盯着书，手里拿着笔，嘴里只是"嗯哼啊"地回应，对他讲的事不再好奇。我心里想，他讲的无非是"今天老师上课发脾气了""某女学生追着打某男学生""我妈给我买了一件特别丑的T恤"之类的，也没什么重要的事情，我不必太在意。我给自己找借口说，我在读书、记笔记，这是一个正向的榜样行为。虽然心里还是有些慌张，但是内心中"争分夺秒读书"的欲求一直驱动着我没有积极地回应小峰。

几次这种情况之后，小峰来办公室找我的次数少了。他不来，我也不用纠结着愧疚，心里暂时平缓了一些，也没太关注他为啥不来了。

等到那学期结束，临放假，小峰来我办公室跟我告别，我照样坐在桌子前，边看书边"嗯哼啊"地回应他。突然，小峰叫我"崔老师"。一听到"崔老师"，我立刻紧张了，放下手中的笔，站起来。我为什么这么紧张？因为平日里跟学生关系太好了，他们平时喊我"崔姐""佳姐"，有时候我笑称自己永远十八岁，他们还叫我"小佳佳"。如今叫我"崔老师"，就跟妈妈平日里慈爱地叫孩子"小宝贝"，生气了就喊全名一样，代表着小峰与我之间的距离在加大，代表着他与我之间的气氛变得尴尬。

我问小峰："怎么了？"他说："你有没有发现，你现在不爱理我们了。"我本能地反应说没有，话说出口，内心却非常惶恐，我连自己都说服不了。小峰解释说："我们都不怎么来找你聊天了，每次来你都在看书，不怎么跟我们说话，我们说话也不怎么搭理。"我无言以对，非常尴尬。小峰继续说："大家都不好意思跟你说，但是我觉得我还是要跟你说一下，大家最近的感觉都很不好，觉得你不喜欢我们了。"

听了小峰的话，我不能再给自己找任何借口了，本能的自我防御也不能再蹦出来撒野了，我再也找不到合理的借口为自己辩解，因为我真的错了。

这个事件的关键点不是学生到我办公室跟我聊天的内容，而是我没有把我的时间毫无保留地放在他们身上，是我没有对他们保持全神贯注的注意力。

我有读不完的书、做不完的工作、备不完的课、接不完的电话，但是学生在校的时间就只有三四年，转瞬即逝，然后他们就会毕业、离开，那我不就错过了学生在学校里最珍贵的时光吗？

我很清楚，如果我不改变自己接待学生的方式，结果可能是失去这些被我称为孩子的学生，也会错过彼此信任的机会。我开始渐渐调整自己去配合学生的时间表。我也没做什么特别的，主要就是给他们时间，倾听他们的心声。有时候学生的想法和做法与我们截然不同，俗称"代沟"，我也极少去评价、判断和教育他们，因为我想如果我还不知道怎么理解学生的话，那我就先进入他们的内心，读懂他们的思维，再慢慢想怎么教他们，怎么帮助他们。神奇的是，当我慢下来，与他们同频、同视角看待生活和学习，很多问题居然迎刃而解了，我们的关系也更加亲密和彼此信任。

借此反省机会，我在第二学期号召老师们开展"课间关爱行动"。号召老师们在课间关掉电脑屏幕、手机放到抽屉里，让自己离开手机和电脑鼠标，全身心面对学生并与学生对话、沟通。为什么要关掉屏幕，手机放到抽屉里？因为亮着的屏幕和桌上的手机自然而然就会吸引人的注意力，只要在与学生聊天的过程中眼睛稍微瞥一下手机或电脑屏幕，老师的注意力就有可能被转移，学生就会感觉自己被疏离或者不被注意。

若想让学生感到他很重要，你需要付出努力和时间。当你手头正忙着一件事情时，学生却来要求跟你聊聊天，这的确会让你感觉有些麻烦。但是，如果你能够说服自己愿意被打扰的话，其实很多时候你可以暂停手边工作。也就是说，只要你真的有心与学生共度时光，"强迫"自己把时间让渡出来的可能还是有的，主要问题是你愿不愿意。你关闭电脑屏幕、手机放到抽屉里，全神贯注地陪伴学生，这会让他意识到，他在你心目中有相当重要的地位。

当然，很多老师的确特别忙，学生来找他的时候，他还在电脑前整理着某项汇报材料或者拿着手机回复某个消息。如果是忙着特别重要又紧急的工作，做不到与学生全神贯注地沟通，怎么办？那就坦诚地与学生沟通："我手头有一个必须马上要上报的工作，你能等我一会儿吗？"这种方式比起"嗯哼啊"地回应学生，更能得到学生的理解和认同。事实上，在我兼职做心理咨询师时，有时有突发工作，预约咨询的时间可能都受到影响，当我真诚地对那些来访学生说"对不起，有个临时工作，可不可以先在沙发上等我十分钟？"学生都可以理解，并且耐心等候。

但是，除非是在有特别重要又紧急的工作时，否则并不赞成你采用"你能等我一会儿吗？"的方式。因为当老师花时间和学生相处，就意味着对学生说：你很重要。可当老师说"我要忙个事情，你能等我一会儿吗？"的时候，就是在说：你的确很重要，但是还有另外一些事比你还重要。所以，这种方式是迫不得已情况下退而求其次的策略。

不敷衍学生，真诚地解释，诚恳地提出需求，并给予学生不分散的注意力，全神贯注地度过他来与你沟通的时间，这就是对学生的无条件接纳和百分百的关爱。全神贯注的陪伴就是接纳与关爱他们的基础。

03　陪伴只要十分钟

每个学生都有"被重视"的需求。一般情况下，老师的陪伴会让学生感到自己被重视，只是一谈到陪伴，很多老师就很痛苦。学生太多，时间太少，何况每位老师都有自己的工作和生活，还要照顾自己的孩子和家庭，还要保障自己个体的成长，哪儿来那么多时间陪伴学生呢？

为了解决这个问题，我曾在学校里推行"十分钟对话行动"。每学期，老师至少要确保给每位学生单独的、不受任何干扰的十分钟对话时间。我建议说："当学生走进办公室时，你要让他感觉你的眼睛都亮了起来，那他就会感觉你在全心陪伴他。"

很多老师初听这个行动方案，充满了不屑，号称自己"岂止陪伴学生十分钟，一百个十分钟都有了"。我理解老师们的这一反应，但是我必须强调"十分钟对话行动"有它独特的限定性。

第一，不仅是找那些调皮的学生聊聊天、教育教育他们，而是无差别地跟每个学生聊一聊，关心其近况。

第二，不一定把学生叫到办公室，可以创设一些偶遇的情境，因为有些学生惧怕来到办公室。

第三，不是边忙其他工作边与学生聊天，而是专心地、不被任何其他事物占据地、全身心地投入到学生身上十分钟。

每次介绍完这三个限定性，老师们都安静了下来，因为按照这个标准，老师忙忙碌碌，但又似乎没有跟任何一个学生真诚地聊一聊、交交心。

为什么说一学期？战线拉得长就是因为创设偶遇比较难，或者课间十分钟，或者检查宿舍，或者食堂吃饭，或者操场遛弯，或者楼道偶遇，或者学生主动问你问题时多聊一些日常。每次聊完后，老师都要做记录，还要根据一些学生的特殊情况后续跟进，比如有些学生提到父母最近身体不好，那就需要日后再关心一下。

为什么要无差别地跟每个学生聊天？因为大部分老师要么关注并教训太调皮的学生，要么就关注并赞扬优秀的学生。很多循规蹈矩的、不捣乱也不拔尖的学生几乎不能被老师注意到。他们也可能没有表达过什么不满意，但是所有未被表达的诉求都会变成一堵厚厚的墙，压抑着学生的心灵。学生不表达，但老师不能不关注，所以，无差别地跟每个学生聊一聊就对了。

为什么说十分钟？十分钟是虚指，其实可长可短，看与学生的聊天情况。有些孩子你给两分钟的关注就够了，他还着急去打篮球呢；有些孩子打开话匣子就停不下来了，需要你多听、多了解；有些孩子没有太多自己的想法，完全由老师控制时间、聊天速度和主题，这样的学生也需要你格外的关注。

为什么要创设偶遇？当然并不是完全排斥办公室，如果学生到办公室找你聊天，你也不要拒绝，但是尽量给学生提供安静的、不被打扰的空间。如果办公室其他老师能听到对话内容，这会让学生不便于开口；如果聊天过程中，随时有可能被其他人或事物打扰，学生也会欲言又止；如果刻意地跟学生约谈，他会觉得这是一项任务，而不是交心活动。所以，老师要非常努力地让学生觉得不刻意，他才能够自然地真情流露。

如果学生不愿意沟通，怎么办？如果你的学生躲着你，或者沉默不语，千万别找学生的问题，那一定是你给他的恐惧多过舒适。别把自己当锤子，看学生都是钉子。把自己当海绵，随便学生扎几下，还能回弹回去。对于不愿意聊天的学生，多创造几次偶遇，多主动聊一聊，总会在某个瞬间开始，他相信自己也值得被关注，相信你是他可以信任的人。

如何与学生聊天？保持眼神接触，注意学生的情绪，观察学生的肢体语言，不要打断学生说话。精心陪伴，需要给予学生完全的注意力。

"十分钟对话行动"难亦不难。之前可能想到了，但是没有做到；之前可能做了，但是没做到标准；之前可能定下了标准，但是标准不够精准。

  凡是按照标准去体验"十分钟对话行动"的老师都向我表达了感谢，虽然他们也仍然是磕磕绊绊的，边犯错误边修正，但是，他们也实实在在地感受到了整体师生关系的变化，作为受益者，他们决定坚持下去，那你呢？借这个机会，尝试一下这个行动计划，怎么样？

04　陪伴需要耐心等待

正面管教理念的核心思想之一是：一个行为不良的孩子是一个丧失信心的孩子。对于不良行为的改变，最强大的动力就是鼓励，而耐心等待学生就体现了鼓励的精髓。

有一个小故事体现了等待的重要性。

三个小和尚都得到了珍贵的莲花种子，他们都希望自己的种子能成活。第一个小和尚只想第一个能种出来，根本就不管种子应该在什么时间、什么地点种，结果种子不成活。第二个小和尚以为一切都用最好的就行，最好的盆、最温暖的花房、最好的花土，然而种子却得不到最需要的阳光和水，枯死了。最后一个小和尚，像平常一样从容地生活——扫雪、做斋饭、挑水、悠然散步，他满怀希望又淡定自然。等到春天来了，他把种子种到了池塘里，于是在一个盛夏的清晨，莲花盛开了。

这个故事说明等待适宜的时机很重要。在等待的过程中平和心境、淡定期待。如果总希望学生以最快的速度达到老师的要求，如果教育的目的就是驱赶学生加速学习，那就忽视了学生成长过程中最关键的东西：发展的时间。要知道万物皆有时：生有时，长有时，衰有时，亡有时。在最适宜的春天，种下珍贵的莲花种子，给它充足的阳光和水，让它自由自在地生长，莲花自然会盛开绽放。种子如此，学生亦如此。耐心等待就是给予学生生长的空间。

课堂是老师陪伴学生的重要阵地。课堂陪伴质量是衡量老师专业能力的一个重要指标。在课堂上理解学生的沉默，并适当地利用学生的沉默，是老师解决高质量陪伴难题的一个便捷路径。

我曾经犯过两次错误。

第一次：无法忍受课堂沉默。

一天，我给学生上课，这个班通常都很活跃。我抛出一个问题，等了两秒，没有任何学生有回答问题的意思。我当时有些抱怨，说"你们就不能吱一声吗？"我自以为用了一种比较调皮的口气表达我的抱怨，以为学生能够接受这种隐晦的批评，结果，有个学生很利落地回了我一句："我们正想着呢，着什么急。"我当时觉得太尴尬了，尴尬不是因为学生怼我，而是因为自己没考虑到课堂沉默背后的意义。我假设学生都不愿意回应我，一是我对自己课堂魅力的不自信，二是我对学生课堂投入的怀疑，总觉得他们不认真，给学生贴不配合的标签。这两种解释都不利于有效课堂的开展。

第二次：不给学生反应时间。

一次我指导学生写演讲稿，我机关炮一样提出指导建议，之后我就想听他的想法，结果他磕磕巴巴、支支吾吾说不出来，我就很着急地又重复了一遍，然后继续问他的想法，他继续用沉默或简单的"嗯啊"来回应我，我当时就以为这个学生没有认真听，非常生气。结果他鼓起勇气跟我说："老师，我听到你说的了，但是我一时反应不过来，你越着急我越反应不过来。"听到学生的反馈，我无地自容，以己之心揣度学生是多么低端的行为，而且以自己的知识结构和理解水平衡量学生的理解状态亦是低端的教学行为。

两次错误让我关注到课堂提问后的沉默与等待，我观察了很多老师的课堂，发现了很多共性的问题。这些问题都源自一个思维的误区和一个技巧的欠缺。思维的误区是无法忍受课堂的沉默，技巧的欠缺是无法安然地等待。

老师要学会接纳沉默，耐心等待。

五月天的歌《突然好想你》里的第一句就是"最怕空气突然安静"。这一句唱出了很多人的心声，老师在课堂上提问之后的一片沉寂之时，更是如此。老师到底如何应对课堂沉默、做好高质量陪伴呢？

1. 提问之后要善于等待

大部分老师抛出一个问题后，希望学生立刻回答。从问题到回答之间的时间只要超过 2~3 秒，老师就会不适应。有些老师迫不及待地自问自答以缓解尴尬，有些老师会指责学生不积极回应，有些老师专门挑那些上课不认真听讲的学生回答，有些老师干脆直接点名让某名学生回答，有些老师则让学生按学号顺序或座位顺序来回答。怎样的应对才是合适的？

首先，我们要明白三点：

第一，老师提问之后，学生需要有思考、组织语言的时间。

第二，缺乏当堂回答问题经验的学生需要一定的时间鼓励自己回应老师。

第三，随着年级的增长，学生在课堂上逐渐变得比较静默，一是大多数教育经验里都是接受式学习，二是回答错误后常会受到老师的批评或担心被其他学生嘲笑。

如果老师迫不及待地自问自答，那就剥夺了学生对问题进行思考和加工的时间，又变为了填鸭式教学；如果老师指责学生不积极回应，就没意识到学生大脑后台积极思考的状态，或忽视了学生内心挣扎、鼓励自己回应的勇气，一旦学生听到老师的责备，积极思考和自我鼓励的学习行为就立刻停止了；如果老师让不认真听讲的学生回答，就是故意让学生难堪，虽然老师的目的是把他拉回课堂，但是学生的情绪体验却是糟糕的，他不可能心悦诚服地回归课堂；如果老师直接点名让某位学生回答，那么点到却不会的学生会焦虑；如果老师按照某种顺序让学生回答，那轮不到自己回答问题的学生就不会思考，甚至浑水摸鱼。

其次，我们需要明确提问的目的是什么。提问的目的不是为了有学生回应，也不仅仅是为了得到正确答案。提问的目的是让全班学生都进入思考状态，投入到课堂中来。而要达到这个目的，老师需要做的事就是以同样沉默的方式去等待。

为什么说耐心等待就算是陪伴学生成长了？因为本来很多学生上课懒得去思考，就等着老师或其他学生回答。如果老师给予足够耐心的等待，这时回答问题的责任就开始分散，每个学生都感到自己有被叫起来的可能，于是开始思考了。也有一开始游离在课堂之外的学生，本来还在胡思乱想，老师提问后教室里短暂的静寂使他立刻回过神来，想要搞清楚究竟是什么情况，于是他也投入进来了。

耐心等待的前提是什么呢？前提是老师要完全信任学生，控制住自己内心的恐惧——恐惧没有学生回应，恐惧学生根本不理睬你。通常情况下，只要老师愿意等，总有几个学生受不了班级里"掉根针都能听到的沉默"，选择主动回应你。

大概要等多久呢？可能第一次需要很久，两三分钟，甚至五六分钟也有可能，如果时间比较长，你就再用很平静、很期待的口气重复问题就好，比如"这个问题，有谁愿意回应我一下呢？"多重复几次，每次之间有些间隔。等到学生习惯畅所欲言的课堂，等待的时间就会越来越短。

2. 学生准备回答问题之后要善于等待

为什么学生站起来准备回答问题了，还要等？因为有些学生想回应你的问题，但是尚未组织好语言，所以别催促。有些老师急躁地说"你要是没想好，就让别人来回答"，有些老师甚至批评说"磨磨叽叽干啥呢，快说啊"。说实话，老师都是无心的，有时候焦虑课堂进度太慢，有时候只是口头语言习惯，但是对学生来说，这种急躁和批评的方式是有害的。

换个角度来说，就算急匆匆地保证了课堂进度，但是能够保证学生的理解吗？急匆匆地换其他学生来回答，你是得到了这个学生，还是失去了这个学生？

提问只是课堂中的一个非常小的环节，但也决定了课堂陪伴的质量。提问后的等待，表达了对学生的接纳，让学生处在安全、放松、承担责任的情绪氛围下，成长也就自然而然地发生了。

有一次我上课提问，有个学生思考的时间特别长，班里其他学生已经表现出不耐烦，开始窃窃私语。班里的骚动让这个学生更加紧张，呼吸都有些急促，我走到这个学生身边，告诉他："放轻松，没关系。"学生慢慢开始回答，因为紧张和不自信，他的声音很小，我极力地靠近他，仔细分辨他的声音和内容。他回答完毕后，我向班里其他学生提问"谁能复述一下他的回答？"大家都沉默了，有学生小声责备他的声音太小，没听清。然后，我复述了他的回答。我用我的亲身体验告诉全班学生：只要你愿意等、愿意听，就是给予别人最大的鼓励力量。我再次感谢了回答问题的学生，感谢他不仅提供了精准的答案，还给大家提供了学习理解他人、等待他人的绝妙机会。

等待不是老师一个人的责任，老师要找准契机教会学生学会等待。让学生能在彼此尊重的等待氛围中，突破思维的重重障碍，应对学习挑战。

陪伴不是老师一个人的责任，老师要教会学生彼此相互陪伴。再高质量的陪伴，老师也是形单影只，只有把全班学生都带动起来，形成陪伴共同体，才能帮助孩子们幸福成长。

05　陪伴要日常用心

微信上流传过一段视频。

实验人员请来自 10 个家庭的孩子给圣诞老人写一封信。孩子们不假思索地写出了他们各自想要的礼物：玩具、新游戏、吉他、独角兽等。然后，实验人员问孩子："如果要写一封信给父母，你们想要什么样的礼物呢？"孩子们想要的"礼物"如出一辙：多花时间陪我、多注意我一些、经常陪我一起吃饭、给我讲故事、跟我待一整天、陪我一起玩游戏……实验人员问孩子："如果只能送出一封信，你会送出哪一封呢？"所有的孩子都选择了把信送给爸爸妈妈，而不是圣诞老人。

家长们看到这些信后，眼眶湿润了，他们说："总想给孩子最好的，可是没想到，对他们来说，我自己就是最好的礼物。"

很多时候，所谓的"用心陪伴"，一不小心就变成了没有意义的操劳。爸爸妈妈花时间在挣钱、办一场精致的生日会、把家里收拾得一尘不染等所谓"重要的事情"上，自己享受其中，可是，孩子更希望爸爸妈妈能够把时间和关注的目光更多地放在他们身上。

师生之间的关系，亦是如此。不把时间浪费在没有意义的操劳上，而是用最舒服的状态，跟学生在一起。

可是，很多老师在谈到陪伴时，常陷入一种错觉，认为只有"干一票大的"才有意义，总是设计参与人数多、花时间长、花钱比较多，但只是偶尔才会发生的活动，比如全班一起远足、组织集体生日会等。可是，我们要知道，触动学生心灵的不是这些片刻的欢娱，而是平日里与学生共处的点点滴滴，那些点滴时刻汇聚成留在学生脑海里的记忆。

当然，我并不是说老师不可以组织集体生日会、全班远足，这仍然在精心的活动序列中，但我想它绝不是必要的，也不是最重要的。因为它们取代不了平时的点点滴滴，日常陪伴才会让学生们真正感受到爱和接纳的真谛。

比起非同寻常的活动，和学生一起做一些平平常常的事更容易、更有效。我经常在培训的时候问老师：

你们有没有经常跟学生一起去学生食堂吃饭？

你们有没有经常跟学生讨论周末都有哪些有趣的事情发生？

你们有没有去为学生的篮球赛、足球赛全场加油助威？

你们有没有随手拍下学生的靓照作为礼物送给他？

你们有没有支持并指导学生参加某项比赛？

……

我在学校里做心理咨询师时，有一项常规工作就是以班级为单位组织团体辅导活动。在组织活动的过程中，我可以迅速判断出哪位老师带学生轻松顺畅，哪位老师困难重重。唯一的标准就是当活动筹备和进行的时候，老师的位置在哪里。

第一类老师从沟通活动筹备开始，就没有出现过，全权交给学生来跟我和我的团队对接。第二类老师积极筹备活动，比如准备场地、借设备、组织学生等，但活动正式开始时，却双手抱臂站在场地一边当看客。第三类老师从筹备到活动，再到活动后的反思，全程都以学生为主、自己为辅地参与。这三类老师，哪类在陪伴学生？哪类与学生关系最好？哪类最能了解学生？哪类最有能力处理好学生遇到的各类"疑难杂症"？肯定是最后一种。

以陪伴视角分析三类老师，就能知道为何是第三类老师了。首先，他通过准备活动，向学生传递出活动的重要性和意义感。其次，他通过参与活动，让学生感受到自己的亲和，建立与自己的连结和信任。再次，他通过观察学生的表现，了解学生的性格与处世方式，尤其掌握需要重点关注的学生的具体情况，为后续工作找到突破点。最后，他通过活动后反思，确定引导和赋能学生的方案。

反观前两类老师则相差甚远。第一类老师与学生处于明显的疏离状态。所有事项都交给学生，看似信任学生，实则是自己大撒手。老师全程不出现，也代表着他对学生的漠不关心，仅把团体辅导活动当作一个任务去布置，而未考虑通过活动去了解学生哪些信息、与学生建立怎样的感情。

第二类老师属于老黄牛般的服务者，以服务学生为宗旨，而并未与学生建立更深层次的连结。当他独自做好所有准备工作，也就降低了学生对活动的参与度；当他独自手抱双臂站在旁边看学生活动时，就会被学生认为是在监督他们，学生的表现要么不自然，要么就会逆反。这类老师也的确常常成为秩序的维护者，谁说话声音太大了，谁不积极参与活动了，谁不配合主持人了，他都有可能站出来提醒一下，但这种脱离活动本身的干预的确是够讨人厌的。

有老师说，这样参加活动太繁琐了；也有老师说，这样做工作倒是细致，就是太耗费精力了。我想说，如果你吃过与学生疏离的苦，那你就知道当下陪伴的繁琐与细致是甜的。教育工作不是"兵来将挡、水来土掩"的问题解决过程，而是"防患于未然"的问题防御过程。把陪伴做在前头，后续学生的问题和突发事件就会少很多，即使真正发生了，处理起来也容易很多。

06　陪伴要有活动载体

可能对于很多老师来说，陪伴学生不难，难在不知道陪伴学生做什么。面对面尴聊的事情时常发生，学生玩的游戏老师不会，老师擅长的事情学生不感兴趣，这导致老师有心陪伴却无法保障陪伴质量。其实，陪伴需要一些活动作为载体。当老师与学生一起参加活动、分享心得，陪伴就已经自然而然地发生了。

下面就列举几个活动供老师参考。

树叶活动

树叶活动适合有落叶的秋天，或者学校修理花圃和树木的那天。活动流程很简单，不管你的学生年龄多大，都可以试一试。

1. 请每位学生去学校里寻一片落叶，带回教室。
2. 请每位学生仔细端详自己的这片落叶，颜色、厚度、脉络、轮廓、纹理、叶柄、残缺度等，根据自己的观察请每位学生准确地向同桌描绘它。
3. 请每位学生在纸上画下自己所捡落叶的轮廓和叶脉。
4. 请全班学生将落叶都放到讲台上。
5. 请每位学生轮流到讲台上，重新找回属于自己的那片落叶。如果实在找不到，就拿出自己画下的落叶轮廓和叶脉图，按图索骥。
6. 请每位学生看看自己的叶子，想想自己的感受，跟同桌分享。

7.老师邀请几位学生在班级分享自己的感受。

世界上有没有完全相同的两片落叶呢?答案肯定是没有。能不能说哪片落叶比哪片落叶更标准呢?答案也是否定的。同理,世上也没有两个一模一样的人。就像每位学生手中的叶子都很特别一样,每位学生也是与众不同的。如果不能说大自然中的哪一片叶子更高贵,那么也无须因为自己与他人不一样而自卑。这就是树叶活动的意义,让每位学生都看到自己独特的价值。

当老师引出个体价值的理念时,就进行下一个流程。

8.请每位学生回忆一下自己战胜自卑、看到自身价值的小故事。如果实在想不到自己的,就说一个别人的。

学生初听到这个任务会很迷糊,然后慢慢思考,逐渐清晰。

有学生说:以前我非常自卑,因为我觉得自己说话像个男孩子,所以我基本不说话,或者尽量不让别人听到我的声音。后来,有一次,一个老师偶然叫我回答问题,回答完问题后,她说我不仅问题回答得好,说话还很好听,像南方女孩子。我当时太诧异了,因为我一直很讨厌自己的声音,后来我就慢慢地开始愿意说话了,也自信了些。

有学生说:我家条件不好,孩子多,房子小,衣服破,在同学面前我觉得很自卑。我觉得大家也不喜欢跟我玩,我就只有努力学习,后来发现有同学经常问我题,也没嫌弃我,我开始觉得家里条件不好也没有关系,只要我自己争气。

有学生说:我有个双胞胎姐姐,学习好,在家也很乖,老师和爸妈总是夸奖她,很少夸奖我,我有时候就特别嫉妒,也总是找茬跟姐姐吵架。有一次,爸妈都不在家,姐姐跟我说其实她挺羡慕我的,因为她总怕爸妈不高兴,所以有想法也不敢说,那时候我就觉得原来我毛毛躁躁,疼了就哭,饿了就喊也是优点。从那以后,我也不找茬跟姐姐吵架了,姐姐不敢说的事我替她说,甚至我觉得自己在保护姐姐呢,还有点开心。

当学生说出自己的故事,就已经在进行自我教育了;当学生听到其他学生的故事,就已经在进行同伴教育了。老师无须多言,静静地听,静静地欣赏,适当地点点头,保持关注,用力鼓掌,陪伴学生跳出自卑,体验到自我突破的力量,明确自己的价值。

鼓掌活动

鼓掌活动可以分成个人活动和集体活动两种。我更喜欢大家一起做,掌声热烈,彼此交流。

1. 请每位学生准备一张纸、一支笔。老师准备计时工具。

2. 请每位学生想象一下:此刻正在观看你最喜欢的歌手的演唱会。歌曲演唱完毕,你无比激动,拼命鼓掌。请预计,假如你用最快的速度鼓掌,一分钟,你能鼓多少次呢?请把第一次进入脑海中的数字写在纸的左上角。

3. 请每位学生真实测验一分钟的鼓掌次数。注意:鼓掌时双手的距离不必过大,3~5厘米就可以,鼓掌的声音也不要太大,一是会辛苦,二是测量结果不容易统一。(鼓掌的时间老师掌握在10s左右,但并不事先告知学生;可在正式计数之前请学生试着鼓几次以适应节奏;5s时老师鼓励说"加油""更快一些""努力"之类的话,让气氛达到高潮。)

4. 10s时,老师果断喊"停",请每位学生把自己的鼓掌次数乘以6,得出自己一分钟鼓掌次数,把这个数字写在纸上。

5. 询问学生预估次数与实际次数之间的差异,并与同桌讨论。

6. 老师邀请几位学生在班级分享自己的感受。

大部分学生最开始的估计值都远远小于后来的实际值。通过这个小活动,可以让学生意识到自己身上潜在的能力,他们开始重新认识自己,重新评价自己,努力提高自信心。

有学生说:"手是自己的,鼓掌也不是高难度的动作,并不需要练习就可以手到擒来,可还是估计得不准。这让我有点想不通,难道我们真的常常这样犯错误,而且自己也不知道、不察觉吗?"

有学生说:"以前老师总说咱们是有潜力的,我不信,我感觉自己已经枯竭了,我哪里还有什么潜力?在做这个游戏之前,我已经知道老师的小心思了,所以写预估值的时候我就故意写了一个很大的数字,我写了435。我认为这根本就是一个不可能达到的数字,结果怎么样?"他说到这里,扬了扬手中的纸,上面写的是450。他继续说:"我原本是故意捣乱的,我根本没想到会这样,我太吃惊了,因为我自己给自己上了一课,我看不起的自己原来有这么大的潜力。"

7. 请每位学生分享一个自己亲身经历的小故事,说明自己的能力比预想的要大得多。

有学生说:"周末爸妈都不在家,给我留下钱让我点外卖,我突发奇想自己做个炒米饭吧,对着手机里的菜谱做的,没想到第一次下厨就那么成功,色香味俱全。我甚至都想我以后会是一个出色的厨师,哈哈!"

有学生说:"都说女孩子学不会几何,刚一接触几何我就说反正我也学不会,也不认真学。看到考试成绩我傻眼了,后来我同桌帮我讲解,这次考试我居然考了80分。我想,不是我学不会,而是我以为自己学不会,人要用心,什么都不会做得太差的。"

学生们分享的这些小故事,光是听听就很受鼓舞了。自我教育就是从分享和聆听这些小故事开始的。

8. 请学生探讨并分享如何挖掘自己的潜能。

有学生说:"首先得乐观吧。有时候,在做事情之前,反复跟自己说'我真的做不到',太悲观失望、谨小慎微,觉得自己没有力量,一直退缩,最后就压根不会开始做。自己对自己说的话太重要了,以后,我要多跟自己说'试试吧,先做再说!',这么一想,感觉好多了。"

有学生说:"乐观很对,但是还要讲方法。你看刚才鼓掌前,老师都提醒咱们注意双手之间的距离,还有鼓掌声音不用太大。这都属于超越自己的方法。这让我想起著名的'一万小时理论',听起来好像是多练习就能成为领域专家,其实不然,需要刻意练习,也就是方法比时间更重要。为什么咱们天天早自习背单词效果也不好,我想可能是方法出现了问题,我得研究一下,咱们班谁有好方法一起商量商量呗。"

听完学生的感受,是不是惊呆了?陪伴学生做这些有意义的活动,总能触动一些学生的心灵,这些学生又去感染另一部分学生,像水波纹一样,产生美妙的联动。

时间管理活动

帮助学生树立正确的时间观念,调动他们的积极性,是很多老师都关心的问题,不妨带领学生做做这个时间管理活动。

1.通过视频、故事、讨论的方式,与学生一起交流时间的重要性。

这一步虽然有些老套,但确实是不可或缺的一步。带着学生认识并相信时间的重要性,后面的步骤才有意义。如果这一步省略或者没落实到位,后面的步骤就很难起作用。

2.用图表的方式跟学生一起分析,在这个世界上有很多事情是人无法改变的,如种族、家庭出身、肤色、父母受教育水平等,但时间是人可以管理和掌握的部分。

3.与学生一起讨论哪些事情是"必须要做的",哪些事情是"想要做的"。

很多学生并不能清晰地区分两者,他们把大部分时间花在自己想做的事情上,比如玩游戏、看电影、和朋友闲聊等,而不愿意去做必须要做的事情,比如写作业、按时睡觉、收拾卫生区等。帮助学生区分"想要做的"和"必须要做的"之间的清晰界限,学生就更能理解遵守时间规则的意义。

4. 请每一位学生做一张自己的时间预算表。

这是学生个性化呈现的部分，每个学生"必须要做的"和"想要做的"之间有一定的区别，每个学生做事情所需要的时间也有区别，鼓励学生做个性化的时间预算，老师不要强迫学生做事情，也是尊重学生的一种方式。另一方面，学生自行设置时间预算表相当于对自己的承诺，一旦对事情进行了计划与安排，学生就可能避免了在"想要做的"事情上拖拉，也能有充足的时间去完成"必须要做的"事情。

5. 请每一位学生找出自己常常浪费时间的事情。

浪费时间的事情分为两种。一种是因为自己的原因浪费掉时间，比如看电视、玩游戏时间太长；另一种是因为别人的原因浪费掉的，比如堵车。对于别人造成的时间浪费，我们没有办法改变，但是对于自己造成的时间浪费，我们可以想办法调整。区分出这两种浪费时间的性质可以让学生更高效地为自己的时间管理负责，聚焦在自己可调节的部分。

6. 请每一位学生在班级内找一个监督者。

监督者的角色是监督学生的时间计划执行情况，属于外部力量。这种朋辈监督有几个好处：一是可以保证每位学生都能找到朋辈监督者；二是学生之间便于相互观察和相互督促；三是朋辈之间也可以相互模仿和学习；四是朋辈压力是最容易成为学生动力的压力，有助于学生优化时间管理。

当然，老师也要做好失望的准备，每次组织的活动都有效果吗？有效果！但是不可能对所有的学生都有效果，先让小部分学生动起来，再带动更多的学生动起来，并从中受益。

人生志向活动

所谓人生志向，其实跟学生的视野和价值观相关，帮助学生找到自己的成长方向，也就使学生拥有了学习和自我塑造的动机，是一种"曲线救动机"的方式。比起直白地跟学生说"如果不好好学习，以后你凭什么在社会上立足"这样的话，"人生志向活动"更具有体验性，是在潜移默化中教育学生。

这个活动适用于放假前布置，端午节、国庆节这样的短假期可以，寒暑假这样的长假期也可以。

  1. 请每一位学生至少选择三种公共交通工具出行，如从县城回乡村的中巴车、公交车、出租车、地铁、绿皮火车、高铁、飞机等。

可能有些老师会考虑到花费问题。任意三种公共交通工具即可，绿皮火车，距离最短、最便宜的票价也就几块钱。公交车、从县城到乡村的中巴车也行，不用太纠结于高铁、飞机等。

  2. 请每一位学生体验乘坐不同交通工具的感受，并观察同行人的行为表现。

  3. 开学后分享自己所见、所思、所想。

观察、体验与表达，是这个活动的三部曲。

学生看到回乡村的中巴车上，窗户多是摇摇欲坠的，窗帘多年未洗，散乱地挂着，上面还有不知谁抹上的鼻涕。乘客多大声说话，或者故意压低声音但仍很大声地呵斥着身边的小孩子……

学生看到绿皮火车上，人挤人地挤在狭窄的过道里，卫生间弥漫着烟味，午饭时间吃泡面的人很多，嗑过的瓜子皮满地都是，乘务人员每隔一会儿就要来打扫一次，整个空间很糟杂，小孩子的哭声此起彼伏……

学生看到高铁上，很多人坐到座位上就开始办公，带着孩子的也会小声叮嘱孩子要安静、不打扰他人，午饭吃泡面的人很少、吃盒饭的人多，吃过的垃圾也多会丢在垃圾袋里……

学生看到机场里，地面比自己家客厅的地面还干净，看不到任何一个随地吐痰的人，所有的服务人员着装整齐、态度温和……

以上的描述都只是大多数情况，不否认高铁上也会有人吃泡面，也不否认绿皮火车上也有人小声叮咛孩子要安静。我并没有身份和阶层固化的思维，因为这一秒在高铁上优雅坐着的人，上一秒可能刚从公交车上下来。

4.等学生都分享完自己的感受后，老师抛出一个问题：一个人的表现与他所处的环境有没有关系？

这个问题也不是新鲜问题，但是学生在体验之后再分析这个问题就更深刻了一些。

5.当肯定了环境的育人功能以后，再问学生两个问题：

第一，等你毕业、工作以后，你希望做乘哪种交通工具的人？

第二，未来你可以为那些乘坐乡村中巴车的人、绿皮火车的人做些什么？你怎样才能帮助更多的人乘坐高铁和飞机？

为什么是这两个问题，因为如果一个学生的人生志向仅仅是让自己成为能乘坐顶级交通工具的人，那就太狭隘了。我们鼓励学生过上更优质的物质生活，但真正的好生活不仅仅是物质享受和追求安乐，更是内心的富足和丰盈，而内心的富足和丰盈是通过人与人之间的连结来实现的。人与人之间连结的最优方式，就是通过自己的力量让其他人过得更好。这同时也是对学生的使命感、责任感教育。

比起干巴巴的说教、演讲，这种以活动为载体，以学生体验为驱动，以启发学生反思为目的的方式，更让学生觉得人生值得，他们由此感觉到人生的意义和动力。

07　陪伴要好好说话

在陪伴中，语言和对话是师生沟通的载体。只要师生互动，对话就无处不在，那如何与学生对话就成为了重要的课题。有老师心想："不就是说话嘛，简单！每天都跟学生说好多好多话。"事实上，很多老师与学生聊天，本是一番好意，聊着聊着就聊成了"敌人"。要知道，"能说话"和"能对话"是两个概念。

1. 陪伴要正向表达

带过孩子的人都知道，当两三岁的小孩子在前面跑，大人在后面追着喊："不要跑！"结果是孩子可能跑得更快。在公园里，能看到很多家长对孩子说"别哭了""别跑了""别玩沙""别坐在地上""别乱扔""别乱摸"……大人说教，孩子哭闹，简直不要太热闹。

在学校里也是，老师会说太多的"不"语言——"别玩手机""上课别睡觉""上课别说话""不能打架""不能打人""不能说脏话""考试别作弊""不要抄其他学生作业"……

我们说"不"语言的概率超乎我们自己的想象，可是为什么这些"不"语言并没有取得我们想要的效果？

首先，听到这些命令式的"不"语言，任何人都会感觉被指责、被控制。感觉不好，自然表现得也不会好。尤其是当我们表达"不"语言时往往带着负面情绪，我们会急躁、焦虑、担心等，大脑内镜像神经元的作用会将这些情绪传递给学生，于是听到"不"语言的学生会叛逆、挑衅、忧虑也就不足为奇了。

其次，人的潜意识无法辨识"不"和"别"这类否定词，甚至会自动将其过滤掉。有个心理学家做了个著名的实验，他让一些人闭上眼睛，然后不断对他们说："此时你们不要想大象，千万不要想大象！"接着，他让这些人睁开眼睛，问他们刚才想的是什么，大家异口同声地说："大象！"所以，你说"不要跑"，他听到的关键词是"跑"；你说"别玩手机"，他听到的关键词是"玩手机"，你说"不要作弊"，他听到的关键词是"作弊"……你的叮嘱就好像是提醒一般，往往会适得其反。

那应该怎么避免"不"语言呢？从关注负面行为转为关注目标，用正面表述代替毫无效果的"不"语言。也就是清楚地告诉学生，我们希望他们做什么。

不说"你别乱跑"，而说"牵着我的手，一起走"；

不说"你别说话了"，而说"请保持安静"；

不说"上课不要玩手机"，而说"把手机收到书包里"；

不说"不要把字写得乱七八糟"，而说"希望你写字工整"。

……

正向表达既可以让学生更有主动权，情绪上也相对更缓和，更容易接纳。当然，对于说者而言，也更能控制自己的情绪，更能达成目标。两美其美，何乐而不为呢？

仅仅避免"不"语言是不是就足够了呢？有时候也会遇到麻烦。因为每个人心目中的认知概念不同。老师心目中的"好好听课"，可能是指学生上课要认真听讲、积极回应老师的问题，学生则认为上课不说小话、不走神就算"好好听课"了。认知概念偏差导致感受偏差。学生按照自己的理解"好好听课"后，还可能会被老师责备不认真，而学生则认为老师看不到自己的努力、不理解自己。

那如何解决这种认知概念冲突呢？

在与学生对话时，与其给出模糊的目标，不如把目标具体化，具体到可测量、可执行的行为层面。

不说"要好好学英语",而说"明天上课前读完这两篇短文";

不说"早点睡觉",而说"晚上十点前熄灯睡觉";

不说"要懂礼貌",而说"见到爷爷,要微笑,并且喊'爷爷'";

不说"按时提交作业",而说"周五上午十点前把作业放我办公室";

清晰地告知学生具体的行为要求和行为标准,让学生明白他应该做什么。很多老师常常以为自己说清楚了,但是实际上学生并不知道具体的标准,犯了"认知偏差"的错误,导致"老师责备学生不听话,学生责备老师没说清楚"的恶性循环,最后师生之间相互指责、相互不信任。

不仅师生沟通中,任何一段关系中,清晰地表达需求都是有益的。有一次培训会上,一位老师提出她的疑惑:"我想请我的配班老师多花一些时间在工作上。可是一个星期后,她对我说,她报名了瑜伽课程。"这位老师显然说出了她想要什么——请配班老师多花一些时间在本班工作上,帮助她多分担一些工作任务。但她没有说清楚想要配班老师如何做,也就是具体的行为表现到底是什么。于是,我鼓励她直接说出自己的需要和愿望,她想了想说:"我希望她每周至少有两个晚上去班里盯学生上晚自习。"我又继续鼓励她将自己的需求以具体化的方式再跟配班老师沟通试试,她随即给配班老师发了微信,语言很简短,她说:"从下周开始,你是不是可以每周带两个晚自习?"她随后得到了一个同样很简短的回复:"No problem!"(没问题)

家庭沟通中也是如此。有位同事在博士毕业论文写作期间,每天埋在海量的资料和论文撰写中,两耳不闻窗外事。那段时间,老婆三天两头闹脾气,责备他不热情。他纳闷地说:"你回家我不是跟你打招呼了吗?你为啥老是生气呢?"这其实就是两个人的认知偏差,老婆说你不理我我生气,老公说我给你打招呼算是理你了。我建议同事去主动询问老婆:"当你回家的时候,我具体怎么做,你就觉得我足够热情了?"同事得到的答案是:我回家你起身抱抱我,而不是坐在书桌前头也不抬地说一句"你回来了啊"。

同事照章执行,老婆回家,他立即起身,接过她的包,拥抱她十秒钟,亲亲她的脸,说一句"宝贝回来啦,辛苦啦!"然后老婆笑嘻嘻地去洗手做饭了。他后来跟我说："没想到女人的要求这么简单，而我却蒙在鼓里不知所措。"

总结一下，好好说话其实就是两个要点：第一，用正向目标表达代替"不"语言。第二，用具体化表达代替模糊性表达。

与其跟学生说太多无效的话，不如说些简短有效的话。既不要让情绪控制自己，脱口而出"不"语言，也不要讲话含含糊糊，失去可执行性的重点。

2. 陪伴要态度谦逊

先来设想如下的情境：

学生给老师递交了一份活动策划方案，让老师提提意见。当然，学生提交的活动策划一定是有问题的。

不谦逊的回应方式："你看这这这，这三点你都要给我改了。这个地方也不行。"

谦逊的回应方式："这份活动方案一看就是用了心思的，这几个点的创意特别好，尤其是这个部分让我眼前一亮，你看这一点、这一点、这一点，我们再做一些调整的话，会不会更好一点呢？"

哪种回应方式好一些呢？肯定是后一种。谦逊的回应，既肯定了学生做得好的地方，让他感受到肯定和认可，也提醒了学生要改进的地方，同时向学生传递了一种理念：调整和改动是为了更好，而且老师相信我的实力，认为我可以做得更好，我们正在做的是共同商讨改进的方法，而不是在指责我。

还有一种常见的情境是总结会。每次活动或考试之后，老师常会组织学生们开一次总结会。千万别把总结会开成"批斗"大会，一会儿是这个学生做得不好，一会儿是那个学生做得不到位。谦逊的方式是看到每个学生的闪光点，帮助他们分析目标和差距，探寻如何能在现有基础上做得更好。

当然，老师还应该理解"三人行必有我师"这句话。有人说，老师是站着的学生，学生是坐着的老师。这都是在形容"教学相长"。老师秉持谦逊之心去陪伴学生，那么老师也是陪伴的受益者。

总体上来说，谦逊具有社交层面和智力层面的双重含义。社交层面的谦逊，指的是诚实、考虑周全、成熟以及无私；而智力层面的谦逊由好奇心、愿意从他人身上学习、对新理念虚怀若谷等品质构成。谦逊品质可以让师生之间建立坚实的信任关系，减少以自我为中心的高傲行为，从而更有可能展开师生合作。

有位老师说，"学生站得远，我就走近他，距离就会缩短；学生若冷漠，我就热情，冷漠就会消解。跟学生交流的时候，主动付出是第一位的。"主动并站在学生的角度考虑问题，这是社交层面的谦逊。

智力层面的谦逊，就是保持终身学习者的心态，保持对学生好奇的心态。有一位老师说："每次发现学生在玩什么新东西，我都会问一问，像个小学生一样求指教。学生对新事物的理解总是比我们更敏感一些，那为什么要错过向他们请教的机会呢？"

她的眼睛转了一下，闪着光，继续说："多向学生提问，学生的回答总是超出我的想象，他们就是一个巨大的宝藏库，里面总是埋藏着一些奇奇怪怪又美妙绝伦的宝藏。老师和学生一样，都拥有看待这个世界的窗口，如果我们只要求学生透过我们的窗口看世界，那就是固步自封，我们也要透过学生的窗口看世界。放下骄傲，试试吧。"

她那手舞足蹈的样子很感染人，一看就是一个很讨喜的老师，我问道，"对学生好奇，向学生学习，除此之外，还有什么是谦逊的表现呢？"这是个启发式问题。我们知道，谦逊的人保持一颗迭代的心，一颗勇于不断获取新知识、生成新认知的心。她说，"既然有迭代之心，今天我们跟学生对话的内容，他日可能就已经被迭代掉，那我们要勇于对之前的自己和自己的观点说'不'。只有我们在学生面前勇于否定之前的自己，才能让学生也学会迭代。"

所以，谦逊是"我追求的不是我正确与否，而是我们一起创造了什么可能"的心态。与学生谦逊地对话，是邀请学生一起攀登、相互扶持，而不是作为一个指挥官、命令者。

08　陪伴要以鼓励为准则

如果说陪伴学生有什么直接价值的话，那就是让学生感受到鼓励。我不止一次地跟身边的老师分享鼓励所带来的魔力，无论对学生，还是对身边的任何一个人，恰当的鼓励都可以带来莫大的影响和改变。

既然说是恰当的鼓励，那就说明虽然鼓励能给人力量，但鼓励也需要方法。

想象一下，如果有个学生要减肥，你对他握起拳头，说："加油！你肯定能减下来的！"这样能鼓励到学生吗？动动嘴皮子很难真正有效地鼓励学生，你需要换个方式。

真正有效的鼓励不只是语言，更要有陪伴。当学生需要鼓励时，多半是因为他不安，缺乏勇气。这时候，老师要为他做些实质性的事情陪伴他、推动他。当学生说他下定减肥决心时，怎么恰当鼓励？

"减肥？跑步吗？好方法啊，几点开始跑？"

这个问题一问，基本上就变成了催化剂，也许学生只是在你面前"常立志"，随口讲一讲，自己都没下定决心到底从哪天开始，但是你的这个问题就帮他具体化、时效化了。学生说："那就从明天晚上七点钟开始跑第一次吧。"

"好啊，在哪儿跑？我也去！"

这句话是鼓励的核心所在，真正有效的鼓励是"我陪你"，而不是"你自己做"。反正老师也需要锻炼身体，边锻炼身体边陪伴学生，一举两得。

"我陪你"是老师用行动支持和鼓励学生，而不仅仅只是停留在嘴上。

如果老师能用行动去支持和帮助学生，让学生感受到做事情所带来的成就感，就能够激发他们内在的力量。等学生以后再面对挫折时，就会有更好的抗挫折能力。因此，老师可以多问自己"我可以为学生做什么，让他能距离自己的目标越来越近？"

很多老师很质疑用陪伴来支持和鼓励学生这回事。有老师不解地说："带这么多学生，每个人都要减肥，难道我都陪着他们跑步去？我啥也别干了，光操场上跑步得了。"别着急，如果真有很多学生都要跑步，那就更好办了，成立一个"七点跑步达人小组"，小组成员之间相互鼓励和监督，你每天在群里鼓励，再随机陪跑就够了。道理是死的，人的思维是活的，灵活驾驭才对啊。

有老师说："我怀孕了，不能跑步，不是我不想鼓励学生，我是身不由己。"怀孕了不能跑步，可以散步啊，还可以帮助学生数圈，做自己力所能及的事情就可以了。只要你出现，对学生就是莫大的鼓励了。

也有老师纳闷道："难道我要每天陪他们跑步吗？"如果老师也有锻炼身体的习惯和需求，那也未尝不可。如果不是，也不用纠结，毕竟万事开头难，学生需要鼓励的时候是他不信任自己的时候，是他不知道自己能不能坚持下来的时候，一旦他形成习惯或者体验到阶段性的成就感，他自己就停不下来，也不用你一直陪伴。而且，你的鼓励不要只是一对一，最好的方式是帮助学生成立"自组织"，学生之间相互监督、相互鼓励、相互支持才是最好的。老师的鼓励就是帮他们起个头，最终的目标还是学生的自我管理、自我负责和自我发展。

跟学习相关的事情，学生也常需要鼓励。比如，学生拟定了成绩提升计划，如果老师说："我相信你，你可以的，好好学！"这样的语言有些苍白，很难起到鼓励的效果。推荐陪伴式鼓励：

"真的很不错，那你的学习计划是什么？"

"每天的学习任务，我们一起制定一下？"

"想高效完成这些学习任务，我们有什么合适的方法？"

"怕自己不能每天坚持下来，那我每天监督你如何？"

……

这些陪伴式鼓励可以让学生把自己的学习思路理顺，又能够确定自己从哪一步开始学习。最主要的是，学生在学习的路上有你陪伴，不孤单。

也有学生犹犹豫豫坚持不下来，老师就鼓励学生每天打卡学习，或者在班级群，或者在家长朋友圈，甚至可以让家长帮忙给老师微信打卡。一旦形成打卡的需求，人就会由外部监督机制转化为内在监督机制。

有老师不满地说："你一会儿让我们陪学生跑步，一会儿让我们帮助他们学习，这陪伴思维倒是挺好，把我们变成学生的小跟班了。"想必很多老师都看过一句话"唯有读书与跑步不可辜负"，就是说，无论跑步还是读书都是我们自己的事，不只是我们在为学生陪跑和陪学，也是学生在为我们陪跑和陪学。

鼓励，本身就有双向的作用力；陪伴，本身就是相互成就的事。

陪伴和鼓励要求立竿见影的效果，对学生是一种伤害。因此，要慢鼓励。也就是说，在鼓励之前，你要肯花时间看到学生的惶恐之处；在鼓励之时，你要肯花时间慢慢说；在鼓励之后，你要肯花时间慢慢等他准备好；在鼓励的全程，你要肯花时间重复地鼓励。因此鼓励不是要求立竿见影，而是愿意耐心陪伴。

> 润润从小不是那种开朗大方的孩子，特别害怕在公众面前表演或发言。有一年艺术学校开新年音乐会，每一个学生都会上台表演。按照节目单，每个学生都陆续上台表演，看起来都活泼开朗、有活力、有灵气。等轮到润润的时候，他怎么都不愿意上台，爸爸妈妈着急得不行，在旁边软磨硬泡，一会儿诱惑说"你只要上台，我就给你买变形金刚"，一会儿鼓励说"润润最棒了，爸爸妈妈相信你"，一会儿商量说"爸爸陪你上台，行不行？"，一会儿又发怒着说"再不上台，信不信我踢你！"……爸爸妈妈用了"十八般武艺"都没有说服润润，他始终没有登台表演。
>
> 后来爸爸妈妈采用"慢鼓励"的方式鼓励润润。

回家后，妈妈跟润润说："妈妈知道你有些害怕，但是我知道你在努力，对吗？"妈妈指着润润的脚，对他说："今天迈向舞台的这只脚已经开始松动了，只是你还没有让它迈到舞台那里。以后，每次练习敲架子鼓的时候，你都让自己的脚再往前迈一点点，等你准备好了，那只脚就会迈到舞台上的，对不对？"

聊完，妈妈就把这件事放下，偶尔会主动问润润："你的脚迈到舞台哪个位置了？"偶尔润润会把家里的沙发、茶几或者床当作舞台，认真地指着"舞台"的方向说："我大概还有这么远，就登上舞台了。"

等到第二年的新春音乐会，润润大胆地踏上了舞台，虽然表演得并非完美无缺，跟其他孩子比起来也没那么落落大方，但是，对于润润而言，他已经付出了很多努力，而且也从中收获了成就感，开始积聚信心。

事实上，所有的教育都是如此。

一个人的能力从 0 到 1，从 1 到 100，都经历着失败的体验。如果没有父母或老师耐心的指导和训练，很难成功。因此，家长和老师要站在孩子的身后，不断地鼓励孩子，孩子才能逐渐学会各种技能，积累一些成功的经验，逐步建立初步的自信。

相比批评和责备，鼓励是一件比较难的事情。但是，教育不是做容易的事，而是做值得的事情。当老师希望学生做得更好时，请用尊重和鼓励的方式陪伴学生。这意味着你愿意去看见学生的需求、接纳学生的气馁、找到学生值得鼓励的每一个小细节，即便遇到再糟糕的情况，也要去陪伴他们。当然，最重要的是，允许学生在鼓励中慢慢成长，他有他的速度，他有他的适应性。

慢鼓励，才能帮助学生打开希望之窗。
慢鼓励，才能拓展学生的潜能和天赋。
慢鼓励，才能给予学生快生长的力量。

09　小结

都说"陪伴是最长情的告白",但是老师能陪伴学生的时间终归是有限的。如何在有限的时间里,给予学生高质量的陪伴,是这一章试图解决的问题。

陪伴,不是身体守在学生身边就够了,而是把自己的全部注意力都投入到学生身上。陪伴的关键不是时间的长短,而是注意力的分配。我们若想让学生感知到我们对他们的爱与欣赏,就要学会在共处的时间里保持一心一意的关注。这是说起来很简单、做起来很难的事,需要老师在陪伴学生的时候保持觉察之心,时刻感受自己是否做到了全神贯注。

陪伴常以活动为载体,这里关注的是老师可以陪伴学生做什么事情。有些活动是学生喜欢的,我们陪着他们;有些活动是有教育含义的,我们引导着他们。但毫无疑问的是,无论是哪种活动,一旦老师参与,老师就要精心地设计,包括精心地设计自身的角色、精心地设计活动的组织和意义,精心地设计学生的体验和表达……活动有意义、有价值,才能让陪伴学生的时间有效果、有效率。

陪伴要好好说话。有人说,好好说话是人一生的必修课。老师与学生对话的方式决定了师生之间的心理距离。我们若想把教育工作做好,那就要学习把话说好,多说正面的话、鼓励的话、谦逊的话。一般来讲,我们越会说话,学生就越快乐;学生越快乐,就会越喜欢我们;学生越喜欢我们,我们就越幸福。但是,我们精心地设计对话,并不代表我们说了学生就一定会喜欢。教育是个漫长的旅程,我们不知何时学生会懂,但是我们要先做好当下的自己。如果某天学生在回望中顿悟，他会说："这个老师，值得！"

最后想说，所有的道理都是可迁移的，虽然我们在讲如何陪伴学生。但是，在我们的任何一段亲密关系里，与父母的关系、与孩子的关系、与爱人的关系、与朋友的关系都包含如此精心的陪伴。

试试吧，会收获惊喜的。

第五章

对学生负责

负责具有双重含义，一是老师为学生负责，二是老师培养出自我负责式的学生，后者是前者的终极目标。真正负责的老师把培养自我负责式的学生作为自己的教育信条，聚焦学生的成长与发展。

教育的本质是一棵树摇动另一棵树，一朵云推动另一朵云，一个灵魂唤醒另一个灵魂。要做好教育工作，老师首先应该塑造好自己这棵树、这朵云、这个灵魂，以身作则，方能真正为学生负责。学生是否负责、是否自我负责是衡量老师教育效果的标准之一。

01　你对学生负责了吗?

请选出与你自己的情况相符合的描述_____（可多选）。

（1）我对学生的要求，自己一定会先做到。

（2）如果学生犯了错，我先想的是如何帮助他解决这个错误，而不是先责骂他。

（3）学生犯了错，我给他苦口婆心地讲道理，听不听就是他的事了。

（4）比起学生犯不犯错误，我更在意学生是否从错误中学到了些什么。

（5）我认为对学生的学习成绩我负主要责任。

（6）学生迟到早退，就是因为他不想好好学习。

（7）学生的事就是我的事，我会尽力为学生搞定一切。

（8）我不为学生解决问题，我只教他解决问题的方法。

你的答案代表着你对"负责"的理解和实践。请记住此刻你的选择，在读完这一章节后，请再回头审视以上这几个选项，看看你的观点会不会发生变化?

此刻，暂且不探讨哪个选项肯定是负责的表现，我们先看看哪个肯定不是。如果你选择了"学生的事就是我的事，我会尽力为学生搞定一切"，那你就是对学生"过度负责"了，没有给学生提供足够的机会培养他们的责任感和上进心。

很多学生没有自我负责的习惯，在一定程度上与其受教育的环境相关。在家庭里，父母以爱之名给予了太多，反而消损了孩子的责任心。一个小孩子刚刚学系鞋带，他需要三分钟，而大人只需三秒钟，为了省时间，大人就选择了直接替孩子系鞋带。一个小孩子刚刚开始学吃饭，弄得满身满地都是米饭，为了保持整洁，大人就选择了直接喂孩子吃饭。备受照顾的孩子长大后，遇到问题都喜欢求助于大人，而大人反过来又开始抱怨：为什么我的孩子不如别人家孩子能干、懂事呢？因为一个从未自我负责过的孩子不知自我负责为何物。

学校教育亦如此。很多老师认为，一名好老师就应该保护学生，使其免遭挫折和失望，因此对学生过度保护，剥夺学生遭遇失败挫折的机会，甚至在学生产生不良行为、做错事情的时候也替学生"擦屁股"、解决问题，没有想过让学生从中锻炼自我负责的能力。

未经过自我负责式教育的学生怎能自然地形成自我负责的能力呢？若想让学生成为自我负责的、有担当的人，老师需要区分学生的事情和自己的事情，需要在恰当的时候得体退出，还需要创造机会让学生体验自我负责的快乐。

02　负责要示范表率

有责任感的老师一定能起到示范表率作用。通俗地讲就是：要求学生做到的事情，老师要先做到；不许学生做的事情，老师也坚决不做。

有一年，我在成都一所中职学校做培训，其中有一个互动题目：说出你自己的三个爱好。这所学校的男老师整齐划一地回答说抽烟、喝酒、打麻将。他们告诉我，这是成都文化，尤其是麻将文化。当时，我问了他们三个问题：

我们允许我们的学生抽烟吗？

我们允许我们的学生喝酒吗？

我们允许我们的学生打麻将吗？

老师们先是一怔，然后弱弱地说"不允许"。我继续追问："那抽烟、喝酒、打麻将的你们是怎么理直气壮地告诉他们'不允许'三个字的？"

老师们先是沉默，然后嘈杂，他们的话题转换成了"我能戒烟吗？""不打麻将，我能行吗？""下回聚会，就不喝酒了？"

虽然他们没有答案，也不可能短时间内戒烟戒酒戒麻将，但是，他们已经开始重新审视：到底怎样做，才算是一个负责任的老师？

我经常在培训的时候问老师们的读书量："现在是7月，假设你平均每个月读1本书，那今年已经读了至少7本非教科书、非教辅书类书籍的老师，请举手。"不出意外，能够举起手的老师寥寥无几，甚至在有些学校没有一个老师举手。

一个不读书的老师，如何培养出一个爱读书的学生？

一个没有闻过书香的老师，如何培养出一个徜徉书海的学生？

一个对读书嗤之以鼻的老师，如何培养出一个对读书深情眷恋的学生？

学生到底怎么才能爱上学习这件事呢？一味地灌输知识不可取，但是老师可以以一己之身影响学生。

老师的样子就是老师给学生的最好的教育。我经常读书，但是，如果我只是偷偷读书起不到教育效果，于是就想办法让自己的读书成果可视化：我在朋友圈里每天坚持打卡写读书笔记，平均每个月读书笔记字数超过3万字；上课时，我跟学生分享读书体会，讲如何从书中受启发，从而解决教学或生活中的某个难题；跟学生聊天时，我随口推荐书目并说出推荐理由……我并不在意学生会不会去读我推荐的书目，我在意的是他们是否能够体会到"读书是一种生活态度"。事实证明，在我的影响下，我所带的学生中，爱看书、能安静坐下来学习的学生越来越多，他们会对我产生好奇：

老师，你是怎么自律到每天都读书的？

老师，你是怎么做到在书桌前坐那么久的？

老师，你怎么有那么多时间读书呢？

老师，你是怎么写出那么多字的读书笔记的？

老师，你是怎么把书里的知识跟现实问题结合的？

……

当学生开始对我好奇，询问我与读书相关的细节时，我就知道我读书的样子起到了示范表率作用。我们常鼓励并要求学生多读书、多思考，可是学生怎么才能多读书、多思考呢？当他们看到我们读书、思考的样子，他们才会主动琢磨读书、思考的方法。从被动到主动之间的距离，就是老师自身的躬身入局、示范表率。

除了读书，娱乐亦是有意义的，关键就在于怎么示范和引导。以电影为例。有时候学生会跟我说："佳姐，我觉得这个电影对我没有什么启发和影响。"这是学生的第一感受，没必要去否定，但是我会从我的视角去解读在这部电影里我看到了什么，得到了什么样的启发。我还经常为看过的电影写影评，很多学生读后就会说："啊，这个视角！我从来没有考虑过，原来还可以这样思考。"

老师本身就是具有感染力的角色，通过以身作则可以影响学生，引导他们去思考，鼓励他们去创新。所以，老师对学生的支持方式之一就是，站在学生的旁边，与学生一起变得更加优秀。老师的思考过程、发展历程都会以一种个体化经验的方式卷入学生的成长过程中，成为学生成长的力量源泉。

明确了老师的示范表率价值，那老师如何评价自己的示范表率程度？如何提升自己的示范表率力？这些都是有章可循的，包括六个步骤：

第一，自我评估。先确定为人师表的日常言行榜样标准，再如实评估你对学生的影响，具体可以细化成以下几个问题：一是你在哪些方面能够作为学生的榜样？二是你以什么样的形式让学生体验到你的榜样作用？三是设想你的榜样作用被拍成微电影，学生看后会受到怎样的影响？四是为了使你的榜样微电影具有更加振奋人心的影响力，你现在可以做些什么样的改变？

自我评估的作用是让老师进行自我觉察：影响学生的方式有哪些？自己的示范表率作用有多大？如果想做得更好还可以做什么？觉察是行动的起点，以自我评估促自我发展，是老师的责任所在。

第二，主动自发。在自我评估阶段，老师或许会发现自己做得并不理想，甚至还有些糟糕。没关系！在主动自发阶段，老师可以优化和改进自己。具体问自己以下问题：虽然以前做得不够好，但我能不能从现在开始做学生的榜样？我能不能努力向学生展示我有能力做得更好？我能不能让学生在每个学期都看到我的进步与不同？破局者永远采取主动攻势。当老师主动用问题来驱动自己理解榜样的内涵，提升自身的示范表率行动力，这就是负责的表现。

第三，目标导向。目标分为两个方向。一个是影响目标，是指以老师的视角观察学生在自己的影响下发生了怎样的变化。比如，一学期结束，学生将从你身上学到些什么？他们将会发生哪些让自己满意的变化？另一个是自身目标，是指老师自我的发展目标，是老师对未来自我的塑造。比如，一学期结束，老师自身会发生哪些值得庆贺的改变？会达到什么样的职业新高度？会形成哪些新的生活习惯？

第四，利用资源。示范表率的修炼过程绝不是闭门造车，而是一个向外探索、向内探求的过程。这需要老师去寻找、辨析、采纳能帮助自己快速成长和行动的资源体系。问问自己：可以寻求谁的帮助？谁是我在某一方面的榜样？可以学习哪些课程？需要买哪些书？如何利用能链接到的资源？对这些问题的回答正是老师将自己塑造成为榜样的外部支持动力。你至少要释放出求助的信号，否则没有几个人会主动伸出手拉你一把，这是老师寻求资源、快速成长的关键所在。

第五，行动改变。前四步基本都属于脑部运动，多是思考和应答。只有行动才能把理想和现实连接起来。若想提升自己的示范价值，那必然要以行动为先导、以行动为表率、以行动为着眼点。学生亲眼目睹到的可视化行动使得老师的示范价值增值。行动起来！你的目标是博览群书，你就先读起来；你的目标是克服语言困难，你就先练习英语口语；你的目标是卫生习惯，你就先从办公桌整理开始……行动起来，持续地做，让成长可见。

第六，约定监督。老师不是神，也有偶尔想松懈的时候，怎么办？跟学生建立契约，请学生监督你。放下老师的骄傲，不要总扮演学生的"侦察兵"，也让学生反向"侦察"老师，并以此来彼此约束。学生对你的约束，其实也是对学生的一种反约束。当学生检查你有没有读书的时候，学生也会反观自己的读书进度；当学生检查你是否吸烟的时候，他手里也不好意思擎着一支烟。

按照这六步，你也来试一试，看看自己是不是会有所提升？是不是能提升自己对学生的示范表率水平？

负责的老师会让自己一天比一天更优秀，然后用自己的成长去影响一些学生，这些越来越优秀的学生再去影响更多的学生！

03　负责要正确理解错误

很多老师"谈错色变",认为错误意味着学生胆小、笨拙、粗心,也意味着学生不够认真、不够努力、不遵守规则,还意味着学生叛逆、不可相信、不负责。很多老师为避免学生犯错误、走弯路,于是小心翼翼为学生保驾护航,热衷于为学生传授经验,不停地告诉学生应该怎么做,以使学生不再犯同样的错误,让他们轻松顺利地学习和生活。

之所以"谈错色变",是因为老师对"完美"的过分追求,也进而成为了学生自我负责的最大障碍。老师应转换思维方式,要相信"完成比完美重要"。如果学生做任何一件事情都被赋予太大的压力,这件事情可能就失去了使学生成长的价值。所以,只要学生开始做了,就在发展的路上了。就算学生犯错了,那也可以从错误中学习。

错误是学习的好机会,让学生有能力承受一定的挫折,经由错误而成长。错误也是老师了解学生、引导学生成长的好时机。然而,我却常常听到抱怨:

- 今天他又打架了,接完德育处老师的电话,我火冒三丈,直接冲到教室把他揪出来,大声质问他为什么又打架?他低着头,不说话。看着他的样子,我也后悔对他那么凶,可是"不要打架"这句话我已经说了上百遍,为什么他还是不听?

- 英语考试她居然连名字都没写,我问为什么不写,她居然说:"反正我总是最低分,不写名字老师也知道是我的卷子。"她自暴自弃了,我能有什么办法?这真的让我很抓狂。

在学校里几乎每天都有类似的事情发生。老师那么愤怒、失望，不就是因为学生没有达到自己期望中的乖巧、懂事、有出息吗？愤怒与失望使老师压力与烦恼倍增，瞬间失去理智，开启了批评与责备模式。

如果在学生犯错误时，老师用批评，甚至惩罚的方式去解决，那么学生学到的就是自卑，他会认为自己一无是处。再次犯错误后，他要么隐藏错误、逃避惩罚，要么畏首畏尾、不敢尝试，以避免再次犯错。总之，批评与责备只会让学生把注意力转移到如何承受与逃避责罚。

如果在学生犯错误时，老师能够给予支持和引导，告诉他"犯错没关系，虽然必要的自然后果需要承担，但是可以从错误中学习，让错误成为成长的机会"，并协助学生寻找遇到类似事情的解决办法，那么，学生就能正确对待错误并努力改正错误，专注于错误本身，学习到解决问题的方法。

老师可以换个角度来审视错误，把错误当成教育契机：学生打架了，可以趁机帮助他学会如何处理矛盾、如何正确表达感受和期望；学生把东西搞坏了，可以培养他动手的习惯，教他变废为宝；学生成绩不好，可以引导学生接纳自我，并在其他方面发展自己的潜能。要知道，学生只是犯了错误，但是他本身并不是个错误。关键是老师用什么样的态度与方式对待学生的错误，以及引导学生从错误中学习。

老师教育学生的过程也是以自己的风度来影响学生的过程。风度，是教育的真正内涵之一。当老师表现出接纳错误、解决错误的风度时，就更容易让学生接纳错误；当老师把错误看成学习的机会，就更容易让学生对错误负责任；如果老师认为错误是一件糟糕的事，就会感到不满、泄气，因而变得苛责或者挑剔，学生也会因此进行自我防御、逃避。

老师如何对待错误，远比错误本身更重要。负责的老师要教给学生如何正确对待错误。

负责的老师会放下负面情绪对自己的控制，以正面、积极的方式去引导学生，强调该做什么、怎么做，而不是不要做什么。老师给予学生尊重、明确的指示，学生会更愿意遵守。

我曾遇到一位教舞蹈的老师,我发现她纠正学生舞蹈动作的教学方式杂乱无章,边做错误的示范,边说"你看你总是这样,你不要这样做",然后,她才做一遍正确的动作,说"你应该这样"。这样的教学方法,只能让学生更混乱。后来,她改变了教学策略,不做错误示范,直接演示给学生正确的动作,如"腿抬高到与腰齐平,脚绷直,眼看脚尖的方向"。这样的改变使得学生的满意度逐步提升,学习效果也得到大大改善。

负责的老师会以启发式提问提升学生独立思考、解决问题和面对错误的能力。例如:

- "你要怎么做,才能让自己在课上不睡着呢?"
- "这次合唱比赛,想拿到名次的话,我们需要怎么做呢?"
- "你很喜欢玩游戏,你觉得怎么安排既能开心地玩游戏,又能认真地听课并完成作业呢?"

提升问题解决能力的最佳时间是在问题发生时。老师可以利用学生犯错误所带来的问题挑战,以启发式提问的方式,让学生进行头脑风暴并提出解决方案,并借此提升学生解决问题的能力。

班里要组织新年主题活动。班长和团支书的观点产生了分歧。班长觉得搞这些活动太耽误学习时间,不如买点吃的,大家一起吃就好。团支书则想着这是一个难得的机会,应精心设计一些游戏和表演,让大家都参与进来,沟通一下感情。两个人各持己见,争吵起来。

王老师一开始觉得左右为难,毕竟班干部不和谐不利于班级团结,后来他放下焦躁的情绪,表情柔和地尝试启发式提问:"你们是不是可以想一想,怎么做才能既不耽误大家太多学习时间,又能让全班每个同学都玩得尽兴?"

问题提出来,剩下的就是他俩之间的讨论了。班长说:"那是不是可以出一些跟各科学习相关的脑筋急转弯和抢答题之类的?"团支书想了想说:"还可以编几首歌,歌词就用咱们最难记住的那些知识!""嗯,光咱俩还不够,给班里分小组吧,各小组讨论出题,到时候小组对抗赛,赢了的可以决定给谁吃好吃的!"班长又补充道。

有没有觉得很惊讶?你想不到的办法,学生们居然能想到!给学生机会,让他们自己解决问题,不用给他们提供解决问题的方法,他们就会明白,只有自己才能为自己负责,自己想办法就能解决问题。同时,在这个过程中,他们还会意识到,要学会为别人着想,要与别人沟通协调,找到一个比较平衡的解决方法。

使用启发式提问时,有几点注意事项:

(1)不要一开始就问"为什么"或"为什么不",因为这样的提问会让学生感到被质疑和否定,引起他本能的反抗或拒绝回答。正确方式是在启发式提问之前先使用"怎么""哪里""什么"等疑问句来建立联结,提的问题越具体、越细致,就越有效。

(2)当学生表现出生气或烦躁时,就停止提问,等双方都冷静下来之后再提问。情绪就像门卫一样,会告诉我们是否应该启动后续的分析、推理等思维工作。如果情绪上感觉很不舒服,就不能投入到思考中,那老师的启发式提问也没有任何意义。这时,就需要暂停,先接纳学生的感受,帮助学生处理情绪。

(3)允许学生暂时想不出好方法,这只是思考的开始。老师可以分享自己遇到类似问题时的解决策略,以自己的故事激发学生的灵感。即便学生又选择了"错误"的应对方式,老师也不要焦躁,错误也是成长的机会。老师只需要帮助学生练习思考如何主动、顺畅地解决问题,不要奢望学生立刻正确地解决问题。

(4)在启发过程中,老师可以采用通用且有效的反馈方式:冷反馈和热反馈。热反馈是指出在什么地方做得好,如老师说,"哇,这次考试,你的卷面答得非常工整,阅卷的时候,我觉得赏心悦目呢!"。冷反馈是指接下来还要在什么地方加强或改进,如老师继续追问,"可是,我发现你写的答案太靠近试卷装订线了，导致有些内容看不清，下次考试你需要注意什么呢？"

老师通过热反馈和冷反馈，肯定学生做得好的地方、比之前有进步的地方，看到学生的成长，同时引导他思考接下来的做法。通过这样的启发和引导过程，把学生的责任交还给学生，学生也会逐步地承担起管理自我情绪的责任。

最后，需要强调的是，老师的心态比较重要。很多时候，老师迫不及待地想给学生提建议，一方面是为了学生好，想让学生尽快"走上正途"，但更多的是为了自己轻松，迅速解决问题以减少给自己的麻烦。这样的话，老师的初衷就不是为了学生的成长，而是为了自己的解脱。但这恰恰会适得其反，所以，老师要让学生学会自我负责，这才是真正地为学生负责！

04　负责要看见真实的学生

学生的不良行为或者是经常表现出不良行为的学生是最让老师头疼的。

《正面管教》里说，很多人都相信，想要孩子变得更好，就必须让他们感觉更糟。所以很多家长和老师，一旦发现学生出现不当的行为，第一反应就是去纠正，并且是通过责备、批评、惩罚等方式去纠正，让学生吸取教训，认为只有这样才能让他们从中学习。比如，学生上课睡觉，我们自然而然就会责备他学习态度不认真或昨晚玩游戏玩得迟了。接下来，我们就会对学生进行纠正教育，可是我们会发现，尽管我们"已经说过100次了"，孩子仍旧不听，甚至变本加厉。为什么呢？这如同你在去往某个目的地的路上，如果方向错了，那你跑得越快，用的力气越大，你偏离正确方向就越远。如果我们看不到真实的学生，没有了解学生上课睡觉行为背后有怎样的感受、信念和需求，只是凭借对他行为的主观判断就进行纠正教育，这样的方向就是错的。

对学生而言，纠正就意味着惩罚。然而，惩罚并没有让学生吸取教训，他们的心思没有放在事情本身，而是放在如何逃避惩罚上面。比如有些孩子知道上课看小说，书会被没收（惩罚），所以，他并不是调整自己上课的态度、认真听课，而是把小说包上一个语文书的封皮（逃避惩罚的方式）。

也会有一些学生，因为老师严厉的责备与惩罚，产生了强烈的自卑情绪，认为自己就是老师眼中的坏学生，从而失去改变与进步的信心，这是退缩。比如被老师责备笨脑筋的学生认为自己学不会数学，也有被当众纠正唱歌音调的学生再也不敢开口唱歌。

还会有一些学生，他们会因为老师的批评和纠正而感到愤恨：今天你这么严厉地批评我，不给我面子，只是因为你是老师，就用权威压我！这不公平！他们甚至会想办法报复老师。就像电影《老师·好》中，于谦饰演的苗宛秋老师最珍爱的自行车，就成了学生们报复老师的工具，卸自行车后挡泥板、给自行车换颜色……

总结一下，老师惩罚学生可能在短时间内有效，但是并没有让学生的行为问题得到真正的解决，它会换一种方式，接二连三地在不同的场景下出现，还可能会造成长期的负面后果，比如：

- 愤恨：这不公平，凭什么老师说怎么样就怎么样！
- 报复：这回我听你的了，但是我一定会扳回来的，走着瞧！
- 反叛：我偏要对着干，你让我往东，我非要往西！
- 退缩：我不让你发现我在这样做就行了（偷偷摸摸）；我就像老师说的一样没什么出息（自卑）。

通常情况下，以上这几种负面后果并不会上升到学生的意识层面，他们并不知道自己被惩罚时内心的感受是愤恨还是反叛，他们自己分不清楚，甚至根本不会去区分。但是，如果一个学生在潜意识里认定自己是一个"坏孩子"，他就会继续扮演"坏孩子"的角色，要么跟老师对着干，要么就变成一个讨好者，通过一些不正当的方式去寻求老师或家人的过度关注。

我们应该理解那些穿着吊儿郎当、说话不干不净、上课心不在焉的学生，他们并不一定是故意跟你作对，极有可能是他们无力摆脱对自己潜意识的认定。我们也反观自身，惩罚能让我们觉得舒适并且动力十足吗？不能！只有我们感觉被理解、被接受、被鼓励时，才会有力量改进，那学生呢？他们需要我们如何做？

负责的老师绝对不会把惩罚当作管理学生的主要手段，也不会通过学生行为表面去判断其行为的对错，而是以尊重和合作为基础，先了解学生行为背后的感觉、需要、隐藏的信念、不易觉察的动机和原因，然后再以不伤害、不惩罚学生的方式来解决问题。也就是说，如果能够理解学生的不良行为很多时候只是因为缺乏知识、意识或技能而出现的不恰当行为，以及与年龄、环境变化相称的发展适应性行为，或者是因为失望、情绪失控而产生的不理智行为，那么老师就会更明晰自己的责任。

透过学生的行为去辨别他们背后的信念，不是一件容易的事情，老师需要了解学生的特点，也需要了解行为发生的背景。正因为这不是一件容易的事情，所以内心没有充盈的爱与责任感的人无法成为一个好老师。

心理学家鲁道夫·德雷克斯在分析了上千个案例之后，得出结论：一个人负面行为的呈现方式虽然有差异，但背后的想法、需求和目的大致分为四种——寻求过度关注、挑战权力、报复和自暴自弃。以这四种框架为标准，能够帮助老师了解学生行为背后的信念，并基于此担负起教育学生的责任。在接下来的四节里，我将会分别进行详细阐述。

05 对寻求过度关注的学生负责

有些学生认为只有受人关注或被特殊对待时才有归属感，才能感受到自己的价值，他的行为目的就是为了寻求过度关注。

每个班里都不乏很调皮的学生，他们上课的时候常故意扰乱课堂，打断老师说话，做一些哗众取宠的动作或说一些搞笑的话。毫无疑问，这样的学生是需要被关注的学生，怎么办呢？

首先，不要批评他，用正向语言引导他。还记得我们讲过的"不"语言的沟通方式吗？比起说"别乱讲话"，不如说"请安静"。正向语言引导时，也别忘了稳住自己的情绪，很多时候打败老师的不是学生，而是自己失控的情绪。千万不要被学生牵着鼻子走，你表现得越愤怒，越表明他用他的方式吸引了你的注意力，他就得到了他想要的关注，那他还会持续地采用这样的方式来吸引你的注意力。

其次，不要重复提醒，而是用一些小的活动转移调皮学生以及其他同学的注意力。如果你反复地提醒，只能降低你的威信。想一想我们的成长经历，是不是父母和老师的唠叨被当成了耳边风？究其原因，一是情感上抵抗，二是反正还会被提醒，何必上心。那怎么办呢？如果是在课上的话，老师可以设计一些全体参与的活动，比如小组讨论、纸笔测验等，及时转移其他学生的注意力，也让调皮的学生回归到课堂。如果是在课下的话，老师可以给予这些学生不一样的关注，比如向学生求助："帮我擦一下黑板吧，谢谢你啦。""小伙子，来，帮我提桶水到办公室。""这个表格，我搞不定，得请你这个大师帮帮我了。"这属于"自己人效应"，意思是当我们向一个人求助时，就表明我们把他当成了自己人。求助看似在麻烦学生，实则是一个满足学生的关注需求的方法。

再次，找机会单独跟学生谈一谈，跟他一起制订成长计划。既然学生需求关注，那老师给予的关注也要讨些"彩头"回来。我们可以给学生持续关注，学生也要作出持续成长的承诺。如果说前两步是建立关系，那最后一步就是让关系成果化。老师的责任不是用成年人的标准来衡量学生的行为表现，而是看到并理解孩子被关注的需要。很多老师在工作中借力学生"寻求关注"的需求，反而把调皮的学生"收入麾下"，成为自己的得力助手。

- 学生总是用奇怪的英语发音惹得大家哄堂大笑，于是老师就把他任命为英语课代表。英语课代表与老师的接触机会自然增多，学生得到了想要的关注，老师顺势提出"作为英语课代表发音必须标准"的要求，且协助学生练习标准发音，一举两得。

- 老师把总喜欢鼓鼓捣捣、搞破坏的学生任命为"维修大使"，还配发一套工具，主要任务就是看看所辖班级和宿舍区内什么地方螺丝松了，什么地方钉子掉了，把力所能及的小修小补工作做了，需要大修大补的工作及时上报学校维修部门。这样既满足了学生被老师和其他同学关注的需求，又让学生的能力有地方大放光彩，同样是一举两得。

那么如何辨别学生有"寻求过度关注"的需求呢？

一是察觉学生行为的反作用力，也就是老师自身的感受。如果学生的行为让你感觉到心烦、愤怒、着急或内疚，那么学生的行为目的很可能就是寻求过度关注。

二是当老师要求学生停止其行为时，看看学生的反应是怎样的。一般来说，学生会暂时停下他的行为（因为已经得到了关注），但很快又回到老样子，或换一种方式继续调皮（因为又有了被关注的需要）。

通过这两条线索，老师就可以确认：学生的行为目的是为了寻求过度关注。当学生寻求关注时，他真正想说的是："关注我，让我觉得自己有价值。"

对于寻求关注的学生，你不能只给他简单的任务，比如擦黑板。擦完黑板之后他又会使出一些新的花招吸引你的注意力。尽量给学生比较长期的任务，如课代表、"维修大使"、减肥小分队队长等，既给学生赋予责任，又让学生真正感受到老师的关注，他内心的归属感、价值感和安全感也能够得到满足。

"看见"是爱的前提，老师只有看见学生内心的需求，才会真正地理解学生、爱学生，享受与学生在一起的时光，让学生在爱与关注里成长。学生只有感受到足够的关注，才会不再通过不当行为去寻求关注。

06　对挑战老师的学生负责

当学生认为"老师不再对我发号施令,让我有话语权时,我才有归属感",他们就会做出挑战老师的事情,处处跟老师对着干。

每个人都有自主动机,喜欢做自己有选择权的事情,但是在学校里,老师披上了权威的外衣,说一不二,忽视了学生对权利的需求。这在一定程度上也体现了很多老师并不相信学生会以建设性的方式使用权利。面对渴望权利的学生所做出的不良行为,如果老师既不理解也不给他们留出权利的选择空间,那学生的不良行为会更多。

赵老师一直发愁自习课的秩序问题,每次自习课上学生说话的声音都很大,一提醒他们就说是在讨论数学题,也搞不懂到底什么数学题能让他们那么开心。其实,学生一开始的确在讨论数学题,讨论着讨论着就开始闲聊天了。赵老师为了治治这帮学生,单方面宣布规则:大家在自习课时要保持安静,即使遇到难题,也要自己先思考,课后再和其他同学讨论,如果违反规则,放学后全班留下,延长自习时间。

赵老师宣布规则后,自习课安静了几天,但是没过几天学生又开始在自习课上叽叽喳喳。按照规章制度,当天放学后,全班集体留校继续自习。可是时间没过多久,就有学生站起来挑衅:"老师,现在都几点了,我不按时回家,家里该担心了。"随后又有学生站起来附和:"我很饿了,平时这个时间早回家吃上饭了。"也有学生说:"我们知道错了就行了,还非要上完整个晚自习吗?"……赵老师一时不知如何应对,非常尴尬。他一方面觉得学生说得也有一定的道理，另一方面又觉得打破已讲好的规则，有损自己在学生面前的威信。

其实，问题的关键在于赵老师是否愿意退出与学生的这场"对抗"，是否承认学生具有一定的选择权和决定权。规则制度本无错，但是谁是规则制度的制定者和监督者很关键。如果赵老师把部分权利让渡给学生，学生失去了故意挑战老师的动力，开始为自己的选择负责，就会减少师生之间的这种"对抗"。

赵老师随即重新召开了班会，先表达了自己看到近几日学生自习课认真学习的欣慰，也表达了对他们自习课"叽叽喳喳"的担忧，然后邀请大家一起想办法解决三个问题：第一，如何保持自习课的安静？第二，如果自习时有问题想请教其他同学或老师的话，怎么办？第三，如果某个学生违反安静规则，应怎么办？

当赵老师把班级管理的问题让渡给学生，让学生具有充分的自主权，学生反而集思广益，共同制定了非常详细的自习课规则，如：

（1）每个同学都有监督同桌保持安静的义务，如果一个同学说话了，那同桌也要共同承担责任。

（2）如果有想请教的问题，暂时先记录在问题本上，课间再提问。为了防止忘了提问，每次自习课结束时，班长都要提醒一句：请检查一下你的问题本。

自习课的秩序本来是学生自己的事，老师退出这个权利之争，反而能让学生更自律。

老师如何判断学生的行为目的是挑战老师、追寻权利呢？

一是看老师自己的感受。如果老师感到自己受到了威胁与挑战，会有被激怒或被击败的感觉，很尴尬，甚至会恼羞成怒。

二是看学生的行为回应。对于老师的管教，学生不会轻易顺从，而是反抗，可能进行言语上的顶撞，看到老师不知所措或者发怒，他们表现出"赢了"的表情和动作。

通过这两条线索，老师就可以确认：学生的行为目的是在挑战老师，寻求权利。当学生寻求权利时，他真正想说的就是："让我自己做决定！"

我们再来看看老师通常如何面对学生的挑战行为。

（1）命令学生：赶紧给我闭嘴！

（2）对学生进行说教：自习课一直说话，说话能让你学习好吗？自习课是让你们查漏补缺、提升成绩的时间，不好好利用时间，吃亏的也是你们。

（3）威胁学生：再这么吵吵闹闹，继续上一个晚自习，什么时候安静了，什么时候再回家！

（4）向学生妥协：一次次地提醒学生安静，嘴上说着"下不为例"，但是仍然没有什么其他的办法。

以上这些做法，无疑并没有彻底解决学生对于权利、自主性、自我选择的需求。一旦学生有追寻权利的行为目的，就不会轻易放弃，他们一定会反复为自己争取。此时，老师要允许学生自己做决定，并充分地信任学生。

很多老师之所以要跟学生进行权利之争，就是担心学生做不到，他们常说："就我那些学生，若是让他们自己做决定，他们能上了天！"这些话传到学生耳朵里，将会严重伤害学生的自尊。那么老师该怎么做呢？

首先，向寻求权利的学生承认你曾经试图控制他，并表明你不想再这么做了，并且你需要他的帮助来停止控制模式。其次，给寻求权利的学生提供选择，邀请他与全班同学一起制定规则等，尤其是通过非惩罚性的解决方案来解决规则破坏的情况。再次，给寻求权利的学生一些任务，让他为班级做出或大或小的贡献，让他的权利需求得以建设性的应用和满足。最后，温和而坚定地执行学生参与制定的规则。温和是告知学生"我在乎你，并且尊重你的权利需求，也给予你施展权利的空间"；坚定是告知学生"我尊重你，但是你不能违反自己参与制定的规则"。

07　对报复老师的学生负责

学生一开始都只是试图通过寻求关注或挑战权力的方式获得归属感和价值感，如果失败了，他们就会选择报复的方式来补偿自己所受到的伤害。一旦他们觉得自己没人爱、没人疼、没人关注，还总是被批评、被教育，甚至总是被迫当众出丑，这时他们会想：我也要让你同样地难堪，让你心里不痛快，让你受到伤害。此时，学生的行为目的就是报复。如果老师能够识别学生的这些信息以及这些信息背后的需要，针对性地给予回应时，就可以找到很多方法减轻学生的痛苦感受，并将其用在报复上的精力转移到其他方面。

相信很多老师对于下面的情形不会感觉陌生。

- 上课某同学在讲话，老师批评了他，并让他站起来听课，他干脆站起来，往教室外走，边走边说："是你不让我听课的，那我出去，你安安静静上课吧。"

- 某同学在学校跟同学打架，老师让他叫家长来学校，学生先是不肯给家长打电话，反对说"有问题找我，我自己担着，找我家长干什么"，如果老师直接跟家长联系，学生会踢凳子、桌子，破坏学校公物，有时还扬言要打老师。

- 某同学不想参加合唱比赛，但是老师强行要求参加，他要么排练迟到，要么不张嘴，要么张嘴出怪音，老师批评他，他说："我就说我不会唱，非要让我来，要不您就把我轰出去算了。"老师再批评他，他就直接大咧咧走人。

●某同学没写作业，老师要求不写完作业就不准回家，学生不仅不写作业，还撕掉作业本，并扔到地上，说："我写不完，我退学总行了吧！我不上了！"老师想阻拦学生撕作业本，反而被推到了地上。

在以上情形中，学生的行为显然是对老师的一种反击，老师越严厉，学生反击得越厉害，学生的心理语言是："你越不让我做的，我越要做，我就是要让事情变得更糟糕，就是让你也感觉到痛苦和伤害。"

怎么识别学生的目的是不是报复呢？

一是以老师的感受逆推。如果老师觉得自己为学生已经尽心尽力，但是学生还说出那么伤人的话，做出那么不顾后果的事情，老师感到自己受到了伤害，感到失望，乃至厌恶，就说明学生的目的很可能是报复。

二是以老师的行为反应逆推。如果老师反击学生，要么惩罚学生，要么试图对其进行严厉的批评教育，讲一堆"我对你这么好，你怎么能这么干"的道理，那么老师是想通过激发学生的内疚，或者惩罚学生让学生服气。这样的行为，说明学生的报复目的激起了老师的"报复"行为。

三是看学生的再次反应。如果学生在老师的行为之后，再次通过更严重的方式伤害老师、伤害别人或破坏公物来使"对抗"升级，这就说明学生的报复心理也在升级。

很多时候，学生是非常矛盾的个体，他们一方面渴望自由独立，不想被束缚，在表面上讨厌被人照顾，假装很坚强；另一方面，他们内心敏感脆弱，特别渴望被爱、被理解。报复一般是学生挑战权力的升级，如果学生挑战老师、追寻权利的时候，老师一直用惩罚的方式对待他们，就容易导致学生的报复行为。很多老师说，当学生寻求权利的时候，我还能想到办法应对，但一旦他们开始报复时，就很难处理。这可能就是教育的难点吧，也是老师要多学习的原因。无论如何，学生开始报复时，老师一定要平复自己和学生的情绪，表达对学生的理解，认同学生的感受，并进一步修复关系。

首先，要以不反击来打破报复循环。做出伤害、报复行为的学生可能习惯了不被尊重的对待，他能预测你可能的反应，因此老师不要总想着以惩罚的方式让学生乖乖就范,而是要率先停止还击,从报复的循环中退出来,保持友善的态度,等待学生冷静下来。如果老师选择了不反击,一则超出学生的意料,二则给学生做了一个示范,那就是伤害并不一定要导致更多的伤害。让学生产生一个新的反应模式。

其次,运用反射式倾听来处理学生的感受。反射式倾听是指观察并倾听学生的感受,然后将听到的感受反射回学生,这能让学生感觉到情感连结和被理解。老师不要总是想着自己的感受,要放下自己的感受,将其作为了解学生感受的线索,探求学生痛苦的根源,可以问:"发生这样的事情,我觉得很伤心,所以,我猜你也一定感觉很伤心,对吗?你愿意告诉我是什么事情让你感到很伤心吗?"如果伤害跟老师有关,要做出弥补,并表达关心。有时,也可以分享自己感觉到被别人伤害的经历和应对方式。

再次,温和而坚定地做出回应。温和,是在说"我不想伤害你,也不想让别人伤害你";坚定,是在说"我不想让你伤害自己或其他任何人,也包括我,我们一起来讨论如何应对伤害、解决问题"。

需要补充的是,如果一个学生总是对老师或其他同学做出伤害行为,他可能在人际关系的处理上遇到了一些困难,需要老师或学校的心理咨询老师提供额外的帮助。一定要敏锐地看到学生的额外需求并提供可能的帮助,这也是老师必须要做到的。

08　对自暴自弃的学生负责

当学生觉得自己无论怎么努力都不可能获得归属感和价值感，也不期盼别人对自己寄予任何希望与期待，感到无助又无能时，他的行为目的就是自暴自弃。一个自暴自弃的学生会向老师表明，他没有能力做到像其他学生那样，也达不到老师的期望。这种信念可能会以不同的方式表现出来。有些学生安安静静地坐着并尽量不让别人注意到自己；有些学生举止夸张，成为班里的笑谈，以掩盖自己在学业或其他方面的不足；有些学生则直接"破罐子破摔"，上课睡觉，不写作业，不参加班级活动……

几乎每一个自暴自弃的学生，都跟老师或家长的打击有关系。老师或家长喜欢用惩罚、指责的方式纠正学生的错误，当学生某方面做得不够好或者暂时没有达到某个水平时，老师或家长喜欢轻易地给他们贴标签："你就是脑子不往正道上使""你真是笨""你就是不认真"……

这些负面标签可能只是老师或家长随口一说，但是它却像一个诅咒，把学生发展的可能性限定死了。学生会一步步受到负面暗示，在心理学中这叫"自证预言效应"。自证是这样的一个循环：标签证明了标签，新的信息无法进入。比如，一旦学生受到暗示，认为自己学习不好是因为自己心思不在学习上，他也接受了"不把心思放在学习上"的自己，甚至比起相信自己笨、傻而言，相信自己只是"不把心思放在学习上"似乎感觉更好受一些。从此以后，他就真的不再努力学习了。

还有更多的案例证明了负面标签容易让学生自暴自弃。

- 一个孩子考试交了白卷。因为长期遭受老师和家长的否定，他已经对学习不抱任何希望。这个孩子认为就算自己不交白卷也是班里最后一名，还不如直接交白卷比较轻松。

● 丽丽读高中的时候，班里很多女生数学成绩很差。数学老师特别喜欢在开始讲课之前说："今天大家要注意听讲啊，尤其是女生，女生在立体感上比较差，几何学起来比较困难，很多女生认真听都学不会，要是不认真听更学不会了。"老师本是好心提醒，但是无形之中也给女生贴了标签。丽丽说她听了一节课，发现自己搞不懂三锥体到底有几个面之后，就承认自己不是学几何的料，放弃了几何。

● 朋友家的孩子学书法，但是几年来没有明显进步。究其原因，每次写字时朋友都在一旁不停地催促和指责："注意手的姿势！""这个笔画错了，又错了！""还不快点写！姿势！姿势！说几遍了！"孩子每次练书法都觉得特别沮丧，总是不想去练，直到后来再也不碰毛笔了。朋友当时还不理解，说孩子不争气，不理解家长辛辛苦苦陪他学习的苦心。

那老师到底怎么识别学生是否是自暴自弃呢？

一是以老师的感觉逆推。有的学生说"我不会"是为了引起老师的关注，让老师多指导自己，自暴自弃的学生是真的认为自己不会，老师会发现，就算你用尽各种办法，他还是觉得自己不行，希望你放弃他，不要管他。你越想帮助他，他的表现越让你感到沮丧、失望、无助和无能为力。

二是以老师的行为反应逆推。如果老师选择完全放弃某个学生，像这个学生放弃自己一样，那是老师的"自暴自弃"，是对自暴自弃的学生的无能为力。如果老师不断地找方法试图帮助这个学生，甚至帮助学生做很多原本学生自身该做的事情，也代表着学生的自暴自弃。

三是看学生的行为反应。自暴自弃的学生，通常非常消极，他对老师的帮助毫无反应，也毫无改进，甚至更加退缩、消极并逃避回应。

自暴自弃的学生感受不到自己的价值，也找不到自己在学校或班集体中的位置，看起来非常消极，但是实际上，没有任何一个人愿意真正放弃自己，他只是除了放弃外找不到其他的选择。所以，自暴自弃的学生内心其实也有非常微弱的声音在传达：不要放弃我，请看到我微小的进步，请拉我一把。到底该如何拉学生一把呢？

第一，停止所有的批评，也避免怜悯之心。不要对学生进行任何评价，只描述学生的优点，进行例外沟通。所谓例外沟通，是指关注学生有哪些地方做得和平时不一样（例外），并以此为基础与学生沟通、反馈。比如，平时你上课五分钟就开始睡觉，今天你坚持了十分钟才开始睡觉，比昨天多坚持了五分钟，你怎么做到的？以这种方式让学生看到自己的例外行为，帮助他撕掉"五分钟睡觉"的标签，远比批评学生有效得多。

第二，鼓励学生的点滴进步。把任务分解成细小的步骤，简化任务，鼓励想放弃的学生尝试迈出一小步，每次完成一个细小的步骤，让他们感受到一点点的成就感，并在这个基础之上，表达对学生的信任。

第三，温和而坚定地提供必要的帮助。温和，是在说"我理解你的沮丧"；坚定，是在说"我不会替你做，因为我知道你自己能做，我会帮助你，直到你自己在这些小步骤上体验到成功"。

第四，必要时寻求帮助。寻求帮助有三层含义，首先，帮助学生选择一个帮扶伙伴，同伴互助，既建立归属感，又能随时帮扶；其次，邀请学生参与到老师的教学和学生管理任务中，以便激励学生；再次，在与表现出无望和无助感的学生打交道时，老师也常会感到自己无能为力，必要时可寻求其他人的建议和支持，为自己积聚能量。

总的来说，负责的老师不会用成年人的视角去评价学生，而是努力破解学生不良行为背后的密码，并帮助他们。破解学生行为密码的步骤如下：

（1）描述学生的一个不良行为表现；

（2）确认老师的感受，这是逆推学生不良行为目的的第一条线索；

（3）描述老师对学生的这种行为通常做出的反应，这是逆推学生不良行为目的的第二条线索；

（4）进入学生的世界，想象一下，如果你是学生，对于老师所说的或所做的，你有什么想法、感受和行为？这是判断学生不良行为目的的第三条线索；

（5）对照学生不良行为的四种目的，确认学生的需要和应对策略；

（6）如果以上步骤没有起作用，别气馁，重新再走一遍这五步，直到起作用为止。

09　自我负责需分清责任主体

自我负责需分清责任主体。这需要先了解阿德勒心理学的一个核心概念——课题分离。课题就是要解决的问题。课题分离涉及谁为待解决的问题负责。当然，在学校里，任何一个问题的发生，都是多方原因的结果，但是怎么样才能课题分离，让老师和学生分别把自己应承担的责任领走呢？

阿德勒心理学有一个特别简单的原则——谁承担后果，谁负责改变。即如果一件事发生了，这个痛苦最后落在谁的身上，谁就要对改变这个事情负起责任。在学校里，如果遇到搞不清到底该谁来负责的事，都可以参考这个原则。

1.让学生明确哪些是自己的责任

我经常采用小组合作的方式进行教学和学业评价。有一次我布置了一项任务，要求小组共同写一份考试成绩分析报告。每个组员都要完成一个部分，之后需要一个组员负责统筹，把每个组员负责的部分统合在一起，然后在规定的时间期限内提交给我。如果超出这个截止日期的话，这个组的任务分就拿不到。

有一个小组没有按时提交分析报告，他们组有四个人跑过来找我抱怨，说这事不应该怪他们。因为他们四个人负责的部分都已经在几天之前提交给了小组负责人，但是小组负责人没有做好统合工作，也没按时提交，所以这个责任不应该由他们来承担。

我提醒他们看到事件的另一个视角。我制定的规则是：如果我在截止日期前没有收到分析报告的话，那么五个人都拿不到分数，而不只是没有统合或不按时提交的人拿不到分数。换句话来说，小组内的五个人，每个人都要承担后果。按照课题分离的原则，你既然会承担后果，你就要负责改变。

我说虽然你们有内部分工，每个人的任务就是把自己负责的部分做好发给小组负责人，但是既然规则是任何一个组员做不好的部分都会让其他人也承担后果，那就不能只做分工的部分，还要看看自己是否需要做其他的部分。当然你们也可以指责小组负责人，甚至跑到老师这里来抱怨，但是这样并没有解决你们需要承担后果的难题，你们需要考虑的是如何避免承担不必要的风险和后果。

在理解"课题分离"的原则之后，这些学生明白了"谁承担结果，谁负责改变"的道理。他们明确了自己责任的边界不在于事先分配好的那部分，而是要把这件事的最终成果做好呈现出来。他们明白了，他们不仅仅要做分配给自己的任务，还要及时地提醒和监督小组负责人，提醒他在截止日期前做好统合和提交工作。也有学生主动提出，其实在小组负责人统合后也需要大家一起做一个自我评估，看看统合后的分析报告是否需要修改，包括格式和错别字的问题。

经历了这段插曲之后，学生们变得很踊跃，他们开始认识到，小组合作并不意味着小组责任分担，而是通过彼此的思维碰撞、能力互补、协同工作共同做出分析报告，且在这个过程中提升自己。这是在完成分析报告这个"结果"背后的更深层次的"结果"。

在这个过程中，学生就在学着自我负责。真正的自我负责不是为原本分配给"我"的那部分负责，而是为自己应该承担的那部分结果负责，也是为一个更优秀的"我"负责。

2. 老师要明确哪些不是自己的责任

与学生一样，老师也要尊重"课题分离"的原则，分清楚哪些是学生要承担后果的事情，鼓励学生做出调整和改变，切忌否定学生解决问题的能力，直接替学生承担责任。

很多住宿学校的老师都遇到过学生要求调换宿舍的事情。学生要求调换宿舍，大多是因为宿舍关系出现矛盾，或觉得宿舍太吵，或认为生活习惯不一致，或感觉被宿舍同学排挤……我曾经遇到过一位老师向我求助说："我真是没办法了才来找您的，这个学生已经调了 5 次宿舍，我实在是没有宿舍给他调了，怎么办啊？"调了 5 次宿舍无果，才想到换一种方法来应对学生的调宿舍申请，也是让人啼笑皆非。

宿舍关系出现问题，学生来求助老师调整宿舍，这实际上是学生的问题让老师来负责的典型案例。按照课题分离的原则，谁是宿舍关系问题的承担者？是学生！那就需要学生来解决这个问题，而不是老师。老师可以提供辅导，但绝对不是大包大揽，更不能直接帮他调换宿舍。直接帮助学生调换宿舍，就变成了老师为学生负责，那最多只是暂时缓和学生遇到的问题，并不能让学生学会为自己的人际关系负责，也不能让他学会如何调整自己去适应宿舍的人际关系。

学生在宿舍里觉得其他人太吵，所以觉得痛苦，那谁为此负责？谁痛苦谁负责！但是学生喜欢向外探求：你吵到我睡觉了，所以你应该停止讲话。这是让别人改变来为自己的睡觉（结果）负责。其实，要想让自己在吵闹的宿舍保证良好的睡眠（结果），有没有自我负责的方式呢？有！比如，可以戴耳塞，降低噪音；可以放下"是因为他们我才睡不好"的执念，心态改变，事情也可变；可以在操场上跑上二十圈，累到半死，倒头就睡，天塌下来都不知道；可以把宿舍的吵闹当作对自己意志力的考验……这些都是改变自己的应对方式来对自己负责的方法。

恕我直言，那些抱怨在宿舍里"天天都睡不着"的学生，真的从来没睡着过吗？还是他内心的排斥心理让他觉得自己太痛苦了，因此选择用"天天都睡不着"来形容自己的痛苦？或者他睡不着是因为对舍友的积怨太深，是他的抱怨心理在作祟？即便这些痛苦的感受真的存在，那解决问题的方式只有调换宿舍这一种吗？即便是调宿舍，为什么要老师来操作呢？他可以自己去联系愿意跟他调换宿舍的同学,而不是一次次地麻烦老师。为自己的心理和现实困境负责的,应该是学生自己。这种情况下,考验的就是老师的"课题分离"能力了,看老师是否能够分清哪些是学生的事,哪些是自己的事。如果学生一表现出痛苦、愤怒,老师就忙不迭地替学生想办法,那不是为了学生好,而只是希望学生给自己的压力小一些,是为了自己过得轻松而已。

你若问我,难道其他人就不应该为一个良好的宿舍睡眠氛围负责吗?应该。但是,在这个事件里,睡眠问题是自己需要解决的问题,不是他人需要解决的问题。对良好宿舍睡眠氛围的定义和标准,各人之间有所不同,如果你总想改变对方使其顺应你,那你就是希望让别人来为你的问题负责,那结果就可想而知。

很多老师理解不了"课题分离"的含义,总是觉得自己需要为学生的问题负责。只要学生带着问题来,那就一定要拿出一个解决方案,要么给建议,要么帮助执行,但是,实际上,学生应为自己想要的结果负直接责任,并在负责任的过程中增强自己负责任的能力。也就是说,学生要在与关系不融洽的宿舍成员相处的过程中,学习提升自己的人际交往能力。换宿舍只是逃避,且是借助老师的力量逃避。这种逃避只能降低学生的人际冲突应对能力。

很多时候,不是学生不行,是老师不给学生机会成长。学生的成长是在一次次的历练中逐步完成的,每一次站得更高、看得更远,都会让他们更加自信。老师应该是梯子,帮助他们站得更高、看得更远,但是绝不能替他们爬梯子、登高峰,否则,学生一直在谷底,看不到远方,也凝聚不了力量。

3. 老师要明确哪些是自己的责任

课题分离是判断问题的基本出发点,老师要常问自己这两个问题:哪些是我要承担的责任?哪些是学生要承担的责任?这是基本的分离。

可学生毕竟是成长中的人,很多时候他的确是结果的承担者,但是他自己可能暂时缺乏心理应对能力和实际操作能力,那老师是不是可以提供一些知识和思考,或者给出一些启发性的建议?可以!而且这也是老师的责任。

老师要用自己的专业知识为学生服务，帮助学生理解他现在到底遇到了什么情况，可以通过什么样的方式去应对这个情况。显然，老师是辅助者，而不是决策者。

很多老师都喜欢替学生做决定，小到学生参加比赛的服装，大到学生毕业考哪所学校，虽然学生也不一定听，但他们还是喜欢站在自己价值观的角度给学生提建议。如果学生不听，老师还会觉得很失落，这就是典型的课题分离失败的案例。

有的老师不无担忧地说："我不对学生负责，那他们得疯了。"其实，学生的成长，如同一颗种子，从发芽到开花、结果的过程，既需要阳光的滋润，也需要经过风雨和时间的历练。老师替学生做决定是拔苗助长，是试图帮助学生跳过笨拙、幼稚的阶段，直接到达熟练与成熟的目标。这样会导致学生因为没有经历过必要的历练、没有遵循发展的自然规律而出现各种问题，甚至造成不可逆转的伤害。

有的老师会提出："我并不希望独断专行，但是很多时候，学生是需要老师给出意见的。"这说得也对，学生的确要听老师或其他长者的建议，而不能想怎样就怎样。但是，即便学生需要老师的建议和意见，那么，最后做决定的人是谁？是老师还是学生？应该是学生综合考量别人的意见后，自己做出决定和选择。所以，下次学生再问你"老师，我该怎么办？"的时候，你该如何回答呢？

给你一个小技巧，叫"个体化经验分享"。比如下面这个案例：

老师：你要好好学习英语，英语很重要。

学生：我不喜欢学英语，我觉得英语不重要。

老师：哦，老师的经验是英语学得好对找一个好工作很重要，我还从招聘网站上了解到一些不错的工作，对英语的要求也很高。但是，我不知道你不学英语会怎样，你想怎样？

学生：那我还是好好学英语吧，万一找不到好工作就惨了。

个体化经验分享的优势就是表达这样的理念：我有这样的经验，对我是有效的，但是不一定对所有人都有效，你来看看是否适用于你。这种个体经验的沟通赋予了学生自主权。老师的经验是否适用于学生，需要学生自己来判断。

有老师会继续质疑："我不强迫不行啊，他们是真的不学习。"我想问，强迫有用吗？强迫的确有暂时性的表面效果，但能够激发学生内在的驱动力吗？负责的老师想的是如何吸引学生，如何为学生赋能，如何让学生做出自我负责式的决定，而不是替学生做决定或者强迫学生去执行。

"课题分离"并不意味着不管学生，而是放手让学生学习责任感，是老师愿意花时间帮助学生练习独自解决问题的能力。总之，学生的成长是需要历程的，无论是知识、技能还是思维模式，学生都需要时间来练习，只不过有的学生需要的时间比较长，有的比较短。在成长历程中，所谓对学生负责，不是时刻寸步不离地指导、叮咛，也不是放任自流地不加约束和干涉，老师要做到扶放有度，要先扶后放。

10　自我负责式沟通

自我负责是"负责"体系里的一个关键的核心概念。比起想尽办法改变学生，不如让学生自我改变。一个人如果变优秀了，那一定主要来源于他自己的努力，而不只是别人的帮助。

我们先来看几个很常见的师生对话：

案例一：

　　学生在上台表演前非常紧张，老师说："这有什么可紧张的，台下的人都不认识你。"

学生听到这句话会放松吗？被否定的紧张感并不会因此消失。

案例二：

　　学生最好的朋友要转学了，心情很郁闷，老师安抚他说："没事，聚散是人生常事，你还会交到新的好朋友的。"

老师的安抚起到作用了吗？学生的感受并没有更好，反而对未来的人际关系充满了犹疑，更伤心好朋友的离开。

很多老师看到这里，可能会反应不过来："为什么？这不是挺好的吗？我一直在安慰学生，有什么不对吗？"

问题就在于，老师在安慰学生，却不是通过共情让学生找到自己独立应对负性情绪的方式。老师总在否认学生的感受，这种方式只会让学生觉得没有人理解他，而那些负性的感受如紧张、害怕还在，他只能自己一个人去消化，但又不知道到底如何去消化。

所以，当学生遇到任何问题的时候，老师的责任不是迅速让学生的感受消失，而是与学生站在一起，帮助他面对这个不好的感受，形成应对负性感受的能力。

案例一重现：

> 学生在上台表演前非常紧张。
>
> 学生：这是我第一次上台演讲，好紧张啊。
>
> 老师：第一次都会紧张。来，想一想紧张的时候你可以怎么做？
>
> 学生：我会对自己说：怕什么，就当他们都是一颗颗大白菜，反正他们又不会吃了我！
>
> 老师：好办法！来，大声再说一遍。

你看，在这个对话中，学生的紧张并不会因为老师说了什么就自动消失，但是学生会自己想办法去解决它。沟通，不是说承认学生的感受就够了，而是在此基础上思考如何有效地利用启发式提问，让学生具备应对这些感受的能力。不要否认学生的感受，而是帮助学生学会承认它，然后主动地应对它。

我们一直在强调情绪和感受本身没有对错之分，只不过学生应对情绪的方式会有恰当与不恰当之分。所以首先要接纳学生的情绪和感受，重点是在对学生应对方式的引导。我们再重新解析一下案例二。

案例二重现：

> 学生最好的朋友要转学了，心情很郁闷，上课没精神，还总是掉眼泪。
>
> 老师：你最好的朋友转学了，你感觉很伤心是吗？
>
> 学生：嗯，我感觉天都要塌了，只想哭，什么都不想做。
>
> 老师：心情不好，掉眼泪，很难受吧。（递给她一杯水，拍拍她的肩膀）好朋友知道你在哭，她会有什么感受呢？

学生：也会心疼我，她可能也心情不好。

老师：她也会心情不好，那你做些什么能让她心情好一些？

学生：我也不知道。

老师：那你怎样才能知道呢？

学生：我可以给她打个电话问问她。

老师：那就去试试，看看两个人怎么样都能开心些。

（打完电话回来）

学生：我俩又都哭了一通，听她哭我也挺心疼的。

老师：嗯，那你们有商量什么好的方式吗？

学生：她看起来也没什么好方法。

老师：那你呢？你愿意试试什么办法？

学生：我想一想。

老师：嗯，好，想一想总有好办法的。

学生：我们可以云陪伴，比如我们一起定个目标，考同一所大学？

老师：嗯，还有呢？

学生：放假的时候还可以见见面。

老师：还有呢？

学生：学校也不让一直用手机，不能总微信，但是觉得孤单了就写写日记。

老师：不错，还能锻炼一下写作技能，还有呢？

学生：其实就是找一些事情让自己充实起来，最好还让自己变好一些。

老师：嗯，真厉害，想出这么多方法。那你怎么帮助她呢？

学生：我应该跟她商量我的想法，我们一起努力。

老师：这都很不错，那你们在各自的学校，有事情需要有人陪伴一起做的时候，怎么办？

学生：老师，放心吧，我们都还会有其他好朋友的，但是，我们两个肯定是最好的。

实际上整个对话过程运用了四个步骤，跟学生一起对她当下的情绪、感受和行为进行复盘，给她恰当、及时的反馈，帮助她更好地为自己的感受负责，为自己的需要和目标负责。

（1）共情学生的感受。（"你最好的朋友转学了，你感觉很伤心是吗"）

（2）说出学生处理感受的行为。（"心情不好，掉眼泪，很难受吧"）

（3）对学生的处理方式进行反馈。（"好朋友知道你在哭，她会有什么感受呢？"）

（4）引导学生思考有没有更好的情绪处理方式。

按照以上这四个步骤进行自我负责式的沟通，那我们就是与学生一起打败他们目前所遇到的困难，而不是和困难一起打败学生。只有学生充分承担起自己的责任，老师才算是真正负责的老师。

11 小结

老师负责任，就是要求老师透过现象看本质，了解学生行为背后的需求和目的，了解学生的真实想法，最后进行有针对性的帮扶和教育，这是保障我们能在正确的方向上做教育的底层逻辑。

自我负责是教育的终极目的，是让学生具有独自面对学习、生活中的问题的能力和心态。老师是学生成长旅途中的指导者、引领者、伴随者、辅助者，而不是他的问题解决者。

让学生自我负责，就要求老师做到适时给予学生权利和自由，让他们学会独立思考、独立解决问题、独立生活，然后自己得体地退出。老师和家长一样，不可以以爱之名控制学生。

让学生自我负责，就要求老师提供更多的机会让学生去体验习得的过程、从错误中学习的过程、逐步积累成就感的过程、自我解决问题的过程，让学生充分承担起他自己应该承担的责任，无论是学习、健康还是自我发展，他们都能够主动地、自觉地为之奋斗。

第六章

回到现实中小试牛刀

读完前面五章的内容,也许你最大的感受是每一章都有道理,但一想到自己的学生每天在学校里冒出的古怪离奇的问题,就仍然觉得很无力,正所谓"理想很丰满,现实很骨感"。

跟学生在一起,的确每天都充满着挑战。如何应对这些挑战呢?向内觉察吧,问问自己:

- 我是不是向学生表现出了真诚的无条件接纳?
- 我是不是对学生表达了恰当的赞赏?
- 我是不是关注到了学生的内在需求?
- 我是不是用足够多的时间陪伴了失意的学生?
- 我是不是尊重了学生的自我负责权?我有没有教会学生自我负责?

向内觉察的过程,就是问题解决的过程。这一章通过几个常见案例,带着你一起参照本书内容,向内觉察,解决问题。

01　学生打架事件

【案例重现】

　　学生打架后，来到办公室，低着头，咬着嘴唇，眼神里流露出来的既有委屈，又有恐惧。委屈是觉得自己迫不得已才打架，结果还要被批评；恐惧是因为知道要被老师劈头盖脸一顿臭骂，还要接受不可预知的惩罚。

　　老师也很纠结，打架事件屡禁不止，到底如何处理呢？如何让学生从此次的打架事件中吸取教训呢？如何让学生不受伤害又能解决问题呢？这是老师最关注的问题。

【案例处理】

第一步：关系建立——打破学生思维定势

（1）出其不意制造玄机。

　　老师走到学生身边，拉一下椅子，说："坐！"然后，倒一杯热水，放学生旁边，说："喝！"

根据学生以往经验，打架之后，到老师办公室就是来领骂的。你让学生坐，学生不敢坐，你让学生喝水，学生不敢喝，因为在他以往的经验里，如果他真的坐下、喝水，老师可能会说"你还真有脸坐！有脸喝！"学生抱着这个思维定势断不敢相信你是真的想让他舒服地坐下喝口水的，他不懂你的真心，但是你的做法又出乎他的意料，他在琢磨你到底在卖什么关子。

（2）善用语言和身体接触取得信任。

> 老师走到学生身边，用一根手指轻轻推一下学生的肩膀，说："坐吧！"再把水杯往学生方向挪一些，说："趁热喝了！"

从"坐！"到"坐吧！"，从"喝！"到"趁热喝了！"，从分不清情绪到明显的温暖关切，语言的魔力凸显，学生已经感受到你的善意，只是还有一点点的怀疑。

此时，你用一根手指轻轻推一下他的肩膀，他会顺势而坐。这一根手指的力量不大，但是能将老师和学生的情感连结起来。学生开始相信"坐下喝口水"是老师真心实意的关照。此刻，学生内心有一股暖流，但又有一丝不解——老师到底什么时候才开始骂我呢？

第二步：教练式提问——学生是解决自己问题的专家

（1）首因效应。

> 老师关心地问："受伤了吗？疼吗？"
> 如果调皮一些的老师还可以问："打赢了吗？"

永远记住，老师与学生之间的和平关系是第一位的，让学生感觉到自己被接纳是最重要的。学生打架，通常老师见到学生问的第一个问题是"为什么？"这本身是一个带有责备口气的问题，暗示着对学生的指责——"你怎么就不能控制一下你自己！""你打架不要紧，我这个月的绩效又会扣掉一半！""这么大的人了还打架，屡教不改！"……一旦学生感觉到被指责，老师就站在了学生的对立面，学生也会本能地自我防御，陷入对自己的开脱和防卫中。学生对"为什么"这个问题的回答带有自我保护色彩，因而他的所有想法和行为都会被他合理化，比如别人欺负他，他不得已才还击，甚至添油加醋。也就是说，老师问这个问题几乎没有意义，甚至可能适得其反。

"受伤了吗"／"疼吗？"／打赢了吗？"这些问题体现了老师对学生的

关切，这种问题超出学生的预期，他有可能捂着伤口说"没事，没事，不疼"，也有可能低着头，略显羞涩地说"反正我也踢了他两脚"。但是，学生透过你的第一个问题就感觉到你对他的接纳和关爱。他发现，虽然自己犯了错误，但是你依然没有讨厌他。他发现他是安全的，他可以放下戒备之心，相信你。

记住：越是学生犯错误时，越要温柔以待。你所有的"兵戈相见""针锋相对"都会反射到你自己身上，痛且无用。你所有的理性和温柔也都会反射到你身上，温润又有效。

（2）把"为什么"换成"我很好奇"。

老师问："我很好奇，你们怎么就打起来了呢？"

如前所述，"为什么"会促使学生进入辩解或者合理化的模式。当你把"为什么"换成"我很好奇"，效果则会大不同！没有责备，没有生气，只有对学生的经历感到好奇。

当选择用"我很好奇"来提问时，你关注的就只是过程，而非对错。所以，准备好你的耳朵，对学生所有的描述给予足够的关注，恰当的时候给予回应："啊，原来是这样""那肯定会很疼""哦，他力气比你想象得大"……你回应学生的感受越多，学生表达的就越多。对学生来讲，在没有评判和指责的情况下去回顾整个事件，这本身就是对自我行为的一种反省。一旦学生开始自我反省，教育就已经开始发生。

记住：目的比原因更重要！你的目标是什么？不是让学生描述打架的原因，不是让学生认错，不是让学生接受惩罚，而是让学生以后不要再打架！所以，为什么打架真的不重要。此刻保持好奇，不做评判，这是达到"让学生以后不打架"这个目的的关键环节。

（3）关注事件背后的情绪而非对错。

在学生描述完打架过程之后，不做对错的判断，而是回应学生的情绪："那这么看来，你当时一定是很气愤／生气／郁闷，所以才跟他打起来的，对吗？"

无论学生如何描述打架事件的起因和过程，请你忍住，不要做任何的评判。总有老师忍不住："屁大点事，至于打起来吗？""就算这样，你觉得打架是应该的吗？"……这种话一旦脱口而出，就前功尽弃了。这不是说不可以批评，而是批评要选择最佳时机。学生懂得所有道理，不代表他可以控制好他的脾气。老师一定要先帮助学生消化负面情绪，再跟他谈如何解决打架这个问题。

记住：不评判才是最智慧的回应。无论学生如何描述，都请你采用教科书式的回应方式："那这么看来，你当时一定是感觉到很气愤/生气/郁闷，所以才跟他打起来的，对吗？"这句话基本不会错。学生打架时的情绪基本都是愤怒、生气、郁闷、委屈……不要评价打架的原因，只描述打架时的情绪。学生会从这句话里迅速捕捉到老师对他的理解和接纳，他会感到意外却又非常满足，"老师，你太懂我了！"除了这样的感叹之外，他可能还会补充一些打架的细节，这些细节有可能是解释自己选择打架的原因，也有可能是对自己错误行为的愧疚，老师需要做的是保持中立，只倾听就够了。

（4）自然后果法。

老师此时打开《班级约定手册》（全班同学一起约定的，如果你的班级里没有，赶快一起约定），说："那你真是很气愤，我理解你。可是，按照咱们《班级约定手册》的约定，打架违反了第五章的第七条。我很想帮你，我也舍不得你受惩罚，但是，这是全班一起约定好的，我无权撤销。"

这是一种自然后果法，把学生引回现实。既然你选择了打架，那你也要承担打架的后果。后果的设置以服务类为主，如擦一周黑板、做一周自习课纪律监督员、给班级打热水，等等。这些惩罚措施是全班一起约定的，大家也会一起监督执行，如此一来，所有学生跟老师站在同一个立场，犯错的学生自然承担相应的惩罚。

记住：老师不要问学生是否后悔打架。看到《班级约定手册》那一瞬间他可能就已经后悔自己当初的冲动，但是内心承认和嘴巴承认是两回事。要学生用嘴巴承认自己后悔，就好像是给了他一记耳光，他会觉得很丢脸。可是，反过来想，既然孩子内心都知道后悔了，何必在意他嘴巴讲什么。

（5）预防学生自暴自弃。

有些打架情节比较严重的情况，学校还会给予相应的处分，如记过、留校察看等。给学生下达处分之后，老师打开学校的《学生手册》，继续追问："我发现，如果你满足以下三种条件之一的话，就可以撤销处分，咱们一起来看看，你愿意尝试哪一种？"

大部分老师在学生接受惩罚之后，会再叮嘱一句"下次别打架了！""别再让我看见你打架，否则我定饶不了你！"说实话，这些话都会被学生当作耳旁风。学生真的再打架，你能用什么方法饶不了他呢？你只不过是刀子嘴豆腐心罢了。

有些孩子比较脆弱，一想到自己被学校处分，就开始自暴自弃。为了避免这种情况发生，老师一定要筑好防线、正确引导。打开《学生手册》，翻到撤销处罚条例那一页，让学生自行选择补救方法。

记住：让学生自己选择。自己的选择，自己更愿意负责，这既尊重了学生，也提高了学生行动的概率。

（6）聚焦学生的即刻行为。

是不是学生选择了某条撤销处分的方式，他就会脚踏实地地去做呢？要知道，大部分学生在没有任何督责的情况下，他的行动力量还是非常薄弱的。所以，请继续追问："很好，你选择了……，那你回去之后，要先从哪一步开始准备呢？"老师通过问题帮助学生锚定具体的行动。

大部分学生都有类似"常立志"的表现，每每立志，每每食言。为防止此类事件再次发生，老师的责任是帮助学生聚焦目标实现的过程，从最简单可行的小步骤开始。只要学生愿意开始行动，目标就近在咫尺。学生有时会犹豫，怀疑自己能否达到撤销处分的标准，遂想求助老师或者他人。老师要坚持原则：我愿意帮助你，但是我不能替代你。

记住：我们要培养自我负责式的学生，学生的事情由学生负责！我们可以做学生的指导者、监督者、陪伴者。

第三步：问题解决——正确解决冲突

（1）达成初心。

学生接受惩罚不是此次谈话的目的，真正的目的是学生不再用打架的方式解决冲突。老师要继续追问："如果下一次再遇到这种让你感觉特别气愤的事，有没有其他的方法可以解决你的愤怒，让自己既消了气，又不会受到伤害？看你受惩罚/处分，老师也于心不忍。毕竟你是我的学生，我希望你一切都好，都顺利！"

回归到与学生谈话的初心，我们希望学生以后不再用打架的方式解决冲突。很多老师习惯训斥学生打架不对，有时还会再说一句"看你下次还敢不敢！"，学生虽然嘴上认错，但是，老师这种不平等、不尊重、不接纳的态度让他内心充满了诸多不满又无奈。

在沟通中放弃"不"语言，但也不必直接告诉学生"不打架"的方法，因为无论你让他忍一忍，或是让他换个角度看待冲突，或是让他学会宽容，或是让他向一个权威中介方求助，那都是你处理冲突的方式，而不是他自己选择的方式。所以，可以问学生："如果下一次再遇到这种让你感觉特别气愤的事，有没有其他的方法可以解决你的愤怒，让自己既消了气，又不会受到伤害？"这个问题一箭双雕，既表达了你对学生的理解和心疼，又引导学生自己探索解决冲突的方法。

记住：学生是解决自己问题的专家。如果学生暂时想不到解决冲突的正确方法，就菜单式列举方法供学生选择。你可以说："我有几个建议，你看哪一个适合你，或者你有没有其他更好的方法？"总之，强调学生的自主性是第一位的。

（2）恢复关系。

确定以后不再打架，还需要解决这次打架双方关系的问题。老师要继续追问："咱们都在一个班里，大家低头不见抬头见，你们两个接下来要怎么相处啊？老师还是希望咱们班是一个团结友爱的班集体，你有什么好方法吗？"

老师要引导学生做主动恢复关系的一方，途径是：表明希望（班级和谐）——表明现状（冲突已发生）——表明疑惑（有什么好方法）。坦白说，当学生得到老师充分的接纳和关爱，当学生遭受惩罚/处分之后的解决方案已敲定，当学生行动的信心和力量已准备好，当学生掌握了正确处理冲突的方法，"如何修复打架双方的关系"这个问题，学生就不会逃避，他愿意主动承担。

有些老师常教育学生："你表现得大度点，先道个歉、低个头，这事就过去了！"这句话会被学生解读为命令或者强迫，或认为老师偏向对方，他们大多会反抗，拒绝道歉，也可能用一种玩世不恭的语气随意道歉，最后结果可能适得其反。

记住：不要急于要求冲突双方学生和好如初，给学生一些时间和空间。欲速则不达，在这里也适用。

回顾案例整个处理过程，需把握几个关键沟通技术，具体如下：

（1）无条件接纳学生。学生打架这件事的确让你头疼，但这不代表学生这个人让你头疼。我们要对学生表达出"我喜欢你，但是我不喜欢你打架这个行为"的观点，只有这样，才是对学生无条件接纳。

（2）启发式提问。全程没有一句责斥和建议，完全由启发式提问组成，让学生在回答问题的过程中进行思考，并自行承担责任。如果老师直接告诉学生答案，传达出的信息是：我知道的比你多，你需要我的帮助，我才是解决你问题的专家。这样，老师就剥夺了学生依靠自己的资源和智慧解决自己问题的机会。相反，保持理性，冷静向学生提问，帮助学生建立强有力的内在提问系统，促发他们形成自然的内在力量——我是有能力的，完全能够依靠自己解决问题。启发式提问有助于学生学习自我负责。

（3）黄金沉默。问题提出后，学生通常会有长时间的停顿或者沉默，老师要学会适应沉默，一是给学生留下充分思考的空间，让他向内倾听自己的答案；二是对停顿和沉默的接纳表达了老师愿意倾听的真诚。当老师为学生留出一个开放的、接纳的空间时，老师也会间接地得到回报。

（4）及时赞赏学生的回应。学生是需要激励的，犯错误、跌到低谷的学生尤其需要激励。最简单、有效的激励方式就是及时反馈、及时赞赏学生。一旦学生能给出一个朝向问题解决的答案，就充满热情地表达你的认可："你现在找到方法了！""你真的很有创意！""现在有了值得考虑的方案了，那再展开一下，下一步你会怎么做呢？"你的赞赏和肯定都是学生继续努力的动力。你的语调越乐观、越轻快、越热情，越会给学生带来神奇的魔力。

（5）以目标为基准自我监督。在与学生沟通的过程中，老师总会有按捺不住以至与学生对立的情况，所以，时刻把目标记在心中，自我监督。目标是让学生学会以正确的方式处理问题，所有与这个目标相违背的话语都要憋在肚子里。不要随意评判学生对与错，如果学生给出的答案太离谱，以目标为基准，你可以说："你说得很有创意，但是，还有什么其他的方法吗？"

02　宿舍搬迁风波

【案例重现】

　　一位刚大学毕业进入班主任岗位的老师遇到了麻烦。工作第二天，学校就布置了一项非常棘手的任务——动员学生搬宿舍。为什么说这项任务棘手呢？因为学生不配合，拒绝搬迁，理由也很充分。学生之前就听说学校有宿舍调整计划，所以在学校组织宿舍文化大赛的时候就不想参加，可是当时学校出来辟谣说不会调整宿舍，让大家不要有疑虑。于是，学生花钱花精力重新装饰宿舍，很费心，结果，活动刚结束没多久，学校就要求宿舍搬迁。学生继而抱怨学校实行准军事化管理制度，每天带队上课、跑操、晚自习、着迷彩服，一切都是强制性的，现在搬宿舍也是强制性的，装饰好的宿舍又带不走。他们对学校的各种规定都很不满，以此为契机坚决拒绝搬迁。

　　遇到这种情况大家都知道搬是肯定的，但是怎么做学生的工作？这位班主任说可能自己刚从学校毕业，考虑学生感受比较多，都有点说服不了自己心甘情愿听从安排。

【案例处理】

　　总体原则：先无条件接纳学生，倾听他们吐槽，共情他们的感受，之后再谈如何解决这个问题。老师如果直接跟学生谈学校规章制度，学生会非常反感，甚至为了反抗而反抗，就算当下不反抗，日后也会找机会表达自己的不满。如果老师直接讲自己的难处，那就是让学生牺牲自己的立场去成全老师。这是件棘手的事，但越是棘手，越应该慢慢来。

第一步：接纳学生，建立关系

（1）赞赏学生的宿舍布置。

> 走进学生宿舍，先不谈是否搬迁问题，而是欣赏学生的宿舍布置："怪不得咱们宿舍不愿意搬，一看宿舍布置得就很有情调，这是谁的创意啊？这个画谁画的？"

比起直接让学生搬宿舍，不如先肯定学生宿舍的装饰风格，跟学生产生共鸣。通过对宿舍细节的欣赏和关注，拉近与学生之间的关系，同时，表达欣赏也是沟通矛盾的突破口。只要对学生及学生宿舍感兴趣，学生就一定会有话讲，接下来的沟通也会变得容易一些。

（2）倾听学生，表达理解。

> 关系破冰之后，态度温和地问："我今天来宿舍，是想听听大家有什么想法，有什么困难？咱们都可以说说。"

态度一定要温和，不要让学生觉得你是"披着羊皮的狼"。学生可能会觉得你之所以来就是为了让他们快点搬宿舍，所以他们很可能会态度强硬地表达："能有什么困难？困难就是我们不愿意搬！"

> 此时，老师要重复学生的话："嗯，是不愿意搬。"

重复学生的话，然后不再说话，把目光投向大家，表示出愿意继续倾听他们的意思。可能会沉默一段时间，但是不要害怕沉默，沉默可能是学生在组织语言，可能他们在等谁先开口，也可能他们想在沉默中试探你的态度。你先稳住自己，别害怕沉默。重复学生的话和沉默的等待，都表现出老师对学生的接纳、尊重和关注。多等一会儿，只要愿意等，学生总会开口的。

学生接下来会开口抱怨和吐槽学校，也有可能越说越觉得委屈，越说越生气，甚至说话的口气也开始有些不敬。这时不要评价学生语言的正确性或逻辑性，而应该关注学生的情绪和感受，并进行回应。

"嗯，学校失言了，你们觉得很委屈。"

回应学生的感受。如果过于关注学生气愤的语言、指出学生的错误，则会偏离最初与学生沟通的目的。老师应时刻牢记一条原则：不在学生有负面情绪的时候给学生讲道理，也不在自己有负面情绪的时候给学生讲道理。

之后，在倾听学生吐槽的过程中，还可以选择性地重复学生的话来表示倾听，如，学校规矩比较多，学校让你们很伤心，这么做确实不应该。当老师自始至终都在表达理解，学生的情绪也会逐渐缓和。

第二步：与学生共情，表达感受

毕竟老师是代表学校来与学生沟通的，所以，如果学校让学生感觉到委屈，那老师就要承担起道歉的责任。

"我挺理解你们的，学校规章制度确实太严格，学校承诺过的事情也没做到，让你们觉得委屈了。我替学校向你们道歉。"

"因为特别理解你们，所以我也不知道该怎么办了。学校让我动员你们搬宿舍，我又觉得你们说得很有道理，我很想帮你们，但是我想不到什么办法。"

说这些话的时候一定要真诚！老师没有站在道德的制高点指责学生，也没有要求学生立刻搬迁，只是在理解学生感受的基础上真诚地向学生道歉并说明自己的难处。当学生感受到老师的真诚，心里也会稍微舒服些，至少他们能感觉到老师是站在他们这一边的。要知道，谈话刚开始的时候，学生是把老师放到对立面上去沟通的。

第三步：关键对话，问题解决

老师真诚地表达了自己的困难后，可通过示弱向学生征求解决问题的好方法："那我们一起来看看吧，按照学校规划需要让你们搬宿舍，但是现在你们的确觉得很委屈，不想搬宿舍。那我们一起商量一下，你们说说，学校怎么做，你们心里会舒服点？你们想到的就说出来，我帮你们记着，看看有什么是我能代表你们找学校协商的。"

学生A：学校赔钱，把我们布置宿舍的费用拿出来。

学生B：学校领导得给我们道个歉。

学生C：非让我们搬就让校领导来给我们搬。

……

学生在讲的时候，老师全程倾听，点头示意，并拿出随身携带的笔记本及时记录，不反驳，不评判。真诚地记录本身就是一种尊重。

等学生都表达完之后，老师再说："听完你们说的，我有几个提议，你们看行不行？

（1）你们计算一下布置宿舍的费用，我帮你们去申请一下，看看学校会不会给补偿。如果申请不下来，也请大家原谅，我会尽力。

（2）让领导道歉，我也不确定能不能做到，如果你们不嫌弃，我代替领导多道几次歉。

（3）咱们自己布置的宿舍有感情，不然咱们多住两天，学校的压力我先顶着。

（4）我也不能保证领导能来帮你们搬宿舍，但是，我保证我可以帮你们搬宿舍，你们打包好了，我来负责搬，交给我，你们放心。

（5）自己亲手布置的宿舍有感情，我特别理解，咱们把能卸下来带走的东西都带走，等到了宿舍，咱们二次利用，行不行？"

基本上到这个时候，宿舍搬迁的问题就已经得到解决，并且，老师在处理这个棘手事件的过程中，跟全宿舍的学生建立了感情。

学生不是不懂道理，也不是不知道自己应该如何去做，只是他们需要被尊重、被理解和被接纳，这不是很难的事情，却是很多老师不习惯做的事情。

复盘整个案例，老师做到了以下几点：

（1）站在学生的角度，理解学生的感受。不是站在学校或者权威的角度去评判学生感受的正确与否，只是让学生体验到被觉察、被尊重的感觉。多倾听、多表达出同理心，有助于关系的建立。

（2）表达班主任自己左右为难的感受。如"我理解你们的感受，被束缚，被管制，而且学校承诺过的事情没有做到。我很想帮助你们，但是，在这件事情上，我没有决定权，我也很无奈，爱莫能助""一方面愧对你们，一方面感觉到学校制度的压力"。

（3）共列清单。不是老师自己提出解决方案让学生执行，而是与学生一起共同探讨，看看有没有既解决他们心中的气愤又按学校要求搬迁宿舍的方法。在列清单的过程中，老师认真记录，但绝不对任何一个学生提出的意见进行评判，尊重每一个学生的想法。

（4）根据列出的清单，共同商量哪个是可行、有效的。实际上，列清单的过程，一是表示了对学生感受的尊重；二是帮助学生厘清在现实的基础上怎样将损失降低到最小；三是清单一列出来，学生自然知道哪个方法可行，哪个方法不可行。在可行的范围内班主任尽力帮忙争取。

事实上，当你首先以认同和接纳学生的感受为基础来开展沟通，再以关怀和爱的"动之以情"做铺垫，那么你的"晓之以理"才会奏效，而且你和学生之间的情感纽带会因此更加坚固，学生就更愿意接受你的劝告、批评和指正。

03　学生同伴关系困扰

【案例重现】

　　开学刚一个月，小熊就开始逃课。班主任询问理由，小熊说班里同学总在嘲笑他，感觉压力太大，不想在教室里待着。班主任表示，自己跟小熊沟通过几次，一方面替同学跟他道歉，另一方面也告知小熊是他想多了，大家看着他笑并不一定是嘲笑他的意思。但是，小熊还是不愿意来上课，即便来了，也是自己躲在教室角落里，上课也不听。班主任很无奈，认为自己已经尽力了，但是还是扭转不了局面。

【案例处理】

当班主任告知小熊"你想多了，大家看着你笑并不一定是嘲笑你"的时候，其实是在用班主任的认知否定小熊的认知，好像在跟小熊说：你看到的是不对的，我是老师，我告诉你什么是对的。班主任没有感知到小熊害怕被嘲笑的恐惧感，只想着如何尽快改变小熊逃课的行为，他与小熊几次谈话的目的也只是为了顺利开展自己的工作，而不是为了化解小熊心底的同伴关系困扰。这种情况下，班主任不仅帮不到小熊，还会造成跟小熊之间的对立。

既接纳又关爱小熊，同时为小熊负责，也让小熊自我负责的处理方式如下：

　　小熊：我不想上课，我觉得那些同学都在嘲笑我。
　　老师：那是太可怕了，你是怎么发现他们嘲笑你的？
　　小熊：他们在背后说我的坏话，一边说一边看着我笑。

老师：那么多人嘲笑你，那真的是太难受了。你打算怎么办呢？

小熊：我不知道，我就不想去上课。

老师：不上课是一个办法，那还有其他的办法吗？

小熊：我不知道，你说我还能怎么办？

老师：我上学的时候也曾经觉得大家都在嘲笑我，但是想到不上课也没地方去，总是躲着也不是个好办法，后来我就试着主动与其中比较友好的同学联系，约他一起上课，一起吃饭，虽然他不是每次都跟我一起，但是渐渐地也熟络了起来，后来他又带着我认识了几个朋友，再后来我就忘记了当时谁在嘲笑我了。我不知道你的具体情况，你可以试一下，说不定也会慢慢解开这个疙瘩的。

小熊：那我也试试吧。

第一步：对学生好奇，倾听学生

老师对学生好奇："那是太可怕了，你是怎么发现他们嘲笑你的？"

老师需要建立接纳式的沟通思维。当沟通中老师跟学生的感受和想法不一致时，第一反应不是"学生的想法都是错的"，而是要让自己迅速冷静下来："我先不忙反驳，我要听听他是怎么想的。"学生认为自己被嘲笑，一定有学生的道理，教育的前提是接纳和尊重，这才是老师跟学生沟通的开始。

在接纳式沟通思维的基础之上，老师的问题是"你是怎么发现他们嘲笑你的？"这背后蕴含着老师的一系列好奇：你觉得自己被嘲笑了，那你肯定很难受，我想知道。你是怎么想的？你遇到了什么样的困难？你做了哪些努力？你经历了哪些失败？我想知道这些，因为我想理解你。愿意花时间陪伴学生、对学生好奇、倾听学生，这是老师的使命。

对学生好奇，老师就可以问出很多超出"被嘲笑"表象的东西。也许会发现，学生并不是真的感觉到被嘲笑，他只是觉得自己没有办法找到好朋友，在学校里缺乏亲密关系，所以想出逃课这个逃避之策。只有这样，老师才可以帮到学生。

第二步：接纳学生，共情感受

整个沟通过程很简短，从结果看很神奇，为什么呢？因为小熊感觉到了老师的接纳和关爱。这是有效沟通中最关键的一点，老师只是重复了小熊的话，他说："那么多人嘲笑你，那真的是太难受了。"

我想，这句话，100个老师里99个都想不到这么说。他们更倾向于说"没有那么多人嘲笑你""你太敏感了""你想多了"。这就是视角的差别。尽管在老师来看，学生真的太敏感，也真的没有人在嘲笑他，但这是建立在老师的认知基础上的理解。接纳学生，老师就要站在学生的角度，看看学生看到了什么、感受到了什么。尊重学生的经验才是硬道理。

心理学研究发现，一个人在遇到麻烦的时候，感觉到有人支持他，就更容易把注意力放在怎么解决这个麻烦上，如果他感觉不到支持，他的注意力就会转到如何获得别人对他感受的支持上，而不是想办法解决遇到的问题。所以跟学生采用同一视角，接纳学生的感受，表面上是维持了一个不存在的问题（被人嘲笑），其实是使学生加速解决问题，这是学生自主解决问题的助推器。

接纳学生的老师，他心里的想法是：你觉得被嘲笑了，我就认同你处于被嘲笑的情境中，在这个基础上思考我们怎么解决这个问题。这就引导学生以智慧的方式自主解决所遇到的"被嘲笑"的麻烦，而不是逃课了之。

很多老师用九牛二虎之力说服学生："你就安心在学校里上课，没有人嘲笑你，都是你多想了。"这是老师把自己的认识作为"正确的"认识强加到学生身上，可是学生会怎么想呢？他可能嘴上不反驳，但心里会想："你凭什么就说我是错的呢？你又不知道我到底会怎样，你的说法才是错的。反正你也不理解我，我为什么还要在这里上学呢？"你看，老师原本也是一番好意，但是学生根本就没有听进去，他心里的痛苦始终没有得到解决，甚至他会因为老师的不信任而关闭自己的心。所以，肯定学生的感受，与其共情，是解决问题的捷径。

第三步：提供经验供学生选择

老师不反对学生，只是在此基础上提出另一种可能："不上课是一个办法，那还有其他的办法吗？"

学生一旦陷入困难中就容易视野狭隘，只能看到一个解决方案，且比较极端。这时候老师不反对，也不肯定，只是征求意见，让学生形成一个选择意识：除了逃课之外，还可能有其他的方案。

当然，视野受限的学生也不一定会有什么好的替代性方案，多数会回应说自己走投无路才会选择逃学。这时候负责的老师会给学生提供个体化的经验。

老师分享的是自己的经验。这个经验是从老师个体层面出发的，对老师有用，对学生不一定适用，但是选择权在学生手里。好消息是：当老师不再强迫学生必须做某项选择的时候，积极的事情反而容易发生。在这种沟通氛围下，学生更愿意听取老师的经验。这是因为学生被赋予了自主权，由学生自己做出判断和决定。

一旦学生被赋予了自主权，可以自己做判断时，他就会放下执拗，主动扩展自己的认识，吸收不同的经验。最后，需要老师放下不自觉的"自恋"，尊重学生独立自主和真实的状态，让学生做一个自我负责的人。

复盘整个案例的处理过程，很多老师会提出质疑，认为如此令人头痛的事情，哪能这么三言两语就解决了呢？老师会认为现实情况中学生更难缠。所有这些困难的确是真实的，但是困难并不源自学生和他的想法，而源自老师自身处理的方式。如果老师直接否定小熊的感受，如果老师直接给小熊提建议，如果老师直接让小熊听话而不是听小熊说话，我想的确会很难搞定这个事情。老师多向内审视自己的问题，情况一定会好很多。

最后，还有一点补充。有些老师分不清"让学生自我负责"和"放任不管"之间的区别。前者需要老师在接纳学生感受、尊重学生的前提下，以个体化经验的方式向学生提供决策案例，辅助学生自主做出更明智的选择。后者是老师在不接纳学生的前提下，任其自身自灭。这个案例里，老师通过分享经验的方式让学生自我负责，而不是放任不管。

后 记

接纳不完美的自己

这是一封信,写给读这本书的你。

这是一封信,也写给写信的自己。

这是一封信,写满对未来的期许。

亲爱的老师:

我们要接纳不完美的自己。虽然整本书都在倡导要学会接纳学生,接纳他们的犯错、得寸进尺,但此刻我们要提醒自己,接纳自己其实也只是个平凡的人。我们也有令人失望的时候,我们也有无法调适情绪的时刻,所以,在教育的进程中,我们也有犯错误的权利,我们要接纳自己。

我们要赞赏自己。我们犯过很多错,但我们也有过很多值得分享的精彩瞬间,那很重要。我们要看到自己的闪光点,关注我们自己为主角的教育故事,审视自己做得不错的地方,提炼我们的教育方法,欣赏它也欣赏自己。自我欣赏,是创造奇迹的动力。

我们要关爱自己。提到老师,很多人自然而然就想到奉献。我不喜欢这种说法。关爱自己是关爱学生的前提,关爱自己才能有力量、有智慧关爱学生。我们要倾听自己、了解自己、尊重自己、照顾自己,这是我们持续性地、可发展地做教育的前提。

我们要陪伴自己。是否接纳自己的一个标志是看一个人独处的时候是否觉得无聊。老师的通病是围着学生忙起来才觉得踏实,可是,越忙越容易忽略自己。找点时间、找点空闲陪陪自己吧！自己跟自己好好聊聊天，安静地问问自己的需求，做点自己喜欢的事情。对自己有点耐心，才能接纳不完美的我们。

我们要为自己负责。总在谈如何为学生负责，却容易忽略如何为自己负责。成长不是学生的专属目标，老师也需要成长。我们也要调整自己的不良行为，也要从错误中发掘学习的契机，我们更要学会"课题分离"。

我们只有接纳不完美的自己，才能继续行走在通向完美的路上。如果我们过于苛求自己，反而容易让我们放弃成为一个更好的老师。

最后，分享一句我自己很喜欢的话：

学最好的别人，做更好的自己。

祝好！

崔 佳

2021 年 8 月于慵懒沙发上

图书在版编目（CIP）数据

校园里的有效沟通：如何构建良好师生关系／崔佳著．—上海：华东师范大学出版社，2022
 ISBN 978-7-5760-2865-2

Ⅰ.①校… Ⅱ.①崔… Ⅲ.①师生关系—案例 Ⅳ.① G456

中国版本图书馆 CIP 数据核字（2022）第 071243 号

大夏书系·教育艺术
校园里的有效沟通：如何构建良好师生关系

著　　者	崔　佳
责任编辑	任红瑚
责任校对	杨　坤
封面设计	淡晓庳

出版发行	华东师范大学出版社
社　　址	上海市中山北路 3663 号　邮编　200062
网　　址	www.ecnupress.com.cn
电　　话	021-60821666　行政传真　021-62572105
客服电话	021-62865537
邮购电话	021-62869887　地址　上海市中山北路 3663 号华东师范大学校内先锋路口
网　　店	http://hdsdcbs.tmall.com/

印　刷　者	北京密兴印刷有限公司
开　　本	700×1000　16 开
插　　页	1
印　　张	14
字　　数	175 千字
版　　次	2022 年 6 月第一版
印　　次	2025 年 5 月第十二次
印　　数	26 101-27 100
书　　号	ISBN 978-7-5760-2865-2
定　　价	55.00 元

出版人　王　焰

（如发现本版图书有印订质量问题，请寄回本社市场部调换或电话 021-62865537 联系）